宋濂溪周元公先生集

宋 周敦頤 著

明萬曆四十二年刊本

图书在版编目（C I P）数据

宋濂溪周元公先生集 / (宋) 周敦颐著. -- 北京 :
海豚出版社, 2018.1
ISBN 978-7-5110-4149-4

Ⅰ. ①宋… Ⅱ. ①周… Ⅲ. ①周敦颐（1017-1073）
—理学—文集 Ⅳ. ①B244.2-53

中国版本图书馆 CIP 数据核字(2017)第 329611 号

书名：宋濂溪周元公先生集
作者：(宋) 周敦颐著
责任编辑：李俊
责任印制：蔡丽
出　　版：海豚出版社
网　　址：http://www.dolphin-books.com.cn
地　　址：北京市百万庄大街 24 号
邮　　编：100037
电　　话：010-68325006（销售）　　010-68998879（总编室）
印　　刷：虎彩印艺股份有限公司
经　　销：新华书店及网络书店
开　　本：16 开（210 毫米×285 毫米）
印　　张：39
字　　数：312（千）
版　　次：2018 年 1 月第 1 版　　2018 年 1 月第 1 次印刷
标准书号：ISBN 978-7-5110-4149-4
定　　价：880 元

出版説明

人是一種會思想的動物，無論是要適應環境，克服生存的困難，抑或爲了生活得更有意義，思想皆不可或缺。在一般的中文習慣中，思想的涵義比"哲學"更寬泛，這種語用習慣的差異，也影響到學者對學術視野的選擇。一般而論，思想史的範圍也較哲學史爲廣闊，雖然很少得到清晰地界定，但它不失爲一種有效的學術視野。

在近代中國學術史上，思想史研究的興起與哲學史大約同時。一九〇二年三月，梁任公在其創辦的《新民叢報》上連續發表了《論中國學術思想變遷之大勢》系列論文，這可能是最早由國人撰著發表的思想史論文。而第一本由國人撰寫的中国古代哲學通史，則爲一九一六年謝無量的《中國哲學史》。這兩本早期著述有其學術史的意義，但其中對學科的性質與研究方法等多無明確的説明。事實上，無論是學者的闡述，還是其實際的操作，在思想史與哲學史之間都不易劃出清晰的界限，直到當代也仍然如此。拋開細節不論，就語用習慣及有關實踐而言，思想史表徵一種對歷史文化廣闊而深入的關照，其研究方法，關注的問題，都較哲學史爲多元，史料基礎也不可同日而語。尤其是在郭沫若、侯外廬等人建立起來的研究傳統中，思想史有明确的社會史取向，或因其與傳統的文史之學有親和性，以至在今天，這種思路仍然很有生命力。

文獻發掘向來是思想史研究的基本環節。爲了促進有關研究，我們選輯多種文本編爲“中國古代思想史珍本文獻叢刊”。全編選目包括經典文本，如儒、道二家的經解，重要思想家作品的早期刻本，和某些并不廣泛受到關注的作家文集的舊刻本。本編中也選錄了數種反映古代民俗信仰的文獻，如《關聖帝君聖跡圖志》、《卜筮正宗》等等。這些文本在傳統的學術視野中，多以爲不登大雅之堂，在今日視之，或者正因其反映了古代社會一般的信仰氛圍，而有重要的文本價值。此外，本編也著意收錄了數種通常被視爲藝術史史料的文本，如《寶綸堂集》、《徐文長文集》等，我們認爲對思想史關注而言，範圍與深度同樣重要。

選集本編，也有文獻學上的意圖。中國古代有悠久的文獻學傳統，大量古籍文本的傳刻與整理造就了古代中國輝煌的古籍文化。本編收錄的這些刻本不僅是古代學術發生、衍變的物質證據，也是古代古籍文化的重要部分。本編所收錄的全部作品皆爲彩版影印，最大限度地保存了文獻的細節。其中有部分殘卷，視具體情況，或者補配，或者一仍其舊。本編的選目受制於編者的認識與底本資源，或者有不妥、不備之處，希望讀者不吝指正。

目録

濂溪全集

歷元公世系遺芳集彙序

世所稱孝思有二曰顯親揚名曰闡揚先烈夫顯揚猶止一時而闡揚源衍無既提衡而論寔倍蓰焉說者謂名賢之胄未家與可

觀不可知而其用全國不在彼而
在此若論周君耶祁君子人歟洵
是為名賢胄也嘗見其貌不飾而
行不矜言不擇而道不倜諄之以
闡揚為事夢寐以之噫大雅

既没斯道不數見邪祢為濂溪
巨裔其譜系之傳自當與天壤敝
而其流派在吳中者則自元公伯
子壽之派始傳四世曰興裔與裔
以懍厲死節在宋世其表之著傳

而爲才爲文英南者又傳而敏敏傳汝浦瀾源綱奎等其著述其吟咏其事蹟或記之載籍或流之民間皆散佚莫收而竟藏竟沒何以證信于後者論之士不無憾焉

則邦祿今日為校輯也其有追先
紹遠之思乎抑有啟諸來哲之里
乎後凡有尋元公芳裔于述作之
餘者按以考之此足備實錄矣
所謂闡揚之功直與天地澂者

其在斯歟邦祢名與爵別歸
餘濂僑居長洲之綋歌里祀守
元公祠以世其統云

宣化徐可行譔

◎

周氏彙輯先世遺編叙

姑蘇稱世系之遠者至德肇自泰伯峻節亮於延陵厥後嚴朱並肆漢典顧陸饒㨗晉庭四姓迭興羣才輩出匪不彰彰明著

也華世代推遷丹青久湮昭穆
罔據泯滅無聞其所否者則惟
不朽之云爾於維宋濂溪周先
生首倡道學獨契聖傳繼往開
来千古一脉其稅駕於南康追

封於紹定遷祀孔廟先爲令典
者久而不磨逮南渡後有四世
孫觀察使公移鎮平江請祠先
生於晉臺鄉而蘇始有先生祠
也至哉

朝而祀典如故世錄其胤之賢
一人衣巾稱奉祀焉尋罹兵火
先生祠廢僅存家廟於城東以
歲數世不主徒令甲占之興悲
令耳孫與壽慶懇於郡縣時太

守韋公燮元大令鄧公雲霄擇
地縣建先生之祠堂廳齋廚畢
具又數年而胡公士容来知長
洲則加拓之爲請於臺察監司
歲出金錢給奉祀生希夔豐潔

俎豆禮家隆焉而與壽之孝思屡矣且為先生修世譜夫既祠之又從而譜之祠則有祭饗譜則有宗盟惟尊祖故敬宗敬宗故收族俾先生之德澤揭日月

於一新者寧不爲慈孫乎哉然
猶未也又思古者睹雲雨而測
潤先睹河海而操原委睹弓裘
而思述作吾先生太極圖通書
以及諸篇此皆家誦而戶讀者

毋慮其湮也惟高曾而上自宗
迄今中間遵先生之遺教者或
通顯或隱淪率有篇帙吟咏以
攄芳腴使手澤澌滅殘缺愆次
殊非作者之意而為之後者惡

能愬然於是與齊授計磔裂擣
摭融緒自元公集志以孟庭芳
拙逸等集凡若干卷彙而輯之
靡有遺漏且付之梓人以圖不
朽噫嘻美哉不佞京曰不有貽

謨鞠闌其緒不有繩武鞠衍其
傳是緝也祖功宗德睹之若生
遺業文章合之爲一方冊具在
典刑不忘匪直旦暮千載抑且
召代一時視者毋曰徒具陳言

已也與壽其知道之士哉後之
人瞻禮世祠而又服膺乎譜與
集儼然見庭芓常綠濂水常清
著存與敦睦益勵述前與信後
周光冀會世承其家云余未第

時嘗遊学於吳越間稔知其詳
啟叙其槩如此吾祠有記譜有
序皆敦史也其世次本末不復
贅焉

萬曆丙辰仲冬吉旦

賜進士第禮部祠祭清吏司主

事琅邪周京撰

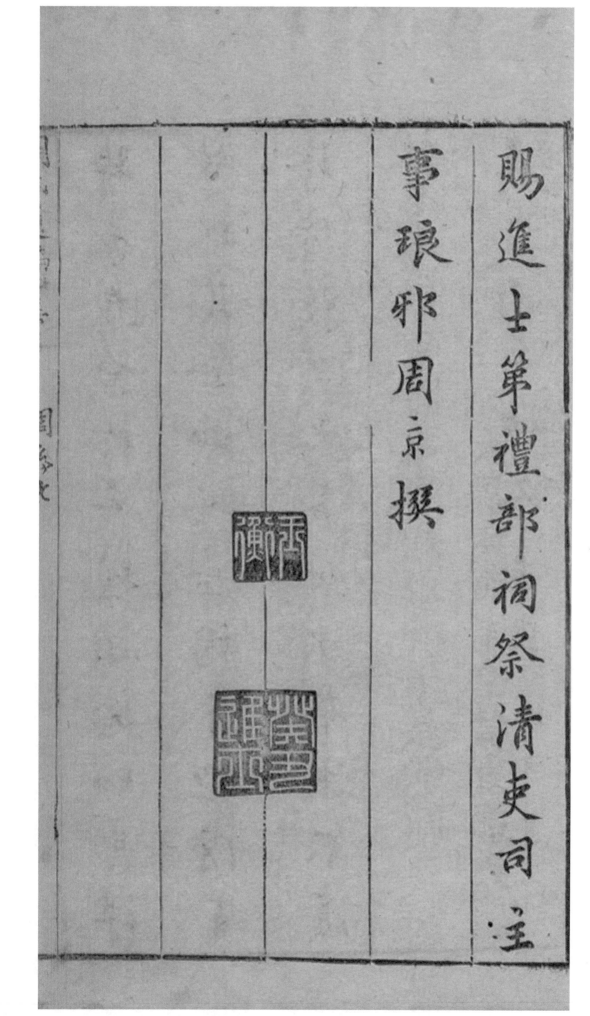

刻濂溪周元公集叙

撫臺趙公經文緯武節制全楚重禮教卹災患賦平刑清庶政以和于是涉洞庭陟衡嶽傳節九疑蒼梧之境若曰邊徼經畧有未盡乎乃修廢官飭武備疆圉孔固按舂陵念濂溪故里也遺跡無不游覽拜祠下肅然起敬躬爲文以吊之謂祠宇簡陋非妥神崇賢之意時郡理弘庵崔君署州

事祗奉惟謹則爲之葺故門新堂室門廡不日告成疏沼植蓮復五星墩置祭田亦罔弗備夫此元公之鄉前守史君表厥宅王君憫其廢皆未及充拓兹興起有時丕闡在人因

撫臺之加意而崔君能共厥事固天理之在人心不容泯其數殆亦非偶然者崔君復謀於鄉先生東川日洲諸公刻元公集

以傳余甫任編次將告成謂宜叙諸簡夫
是集所載圖說易通皆幼嘗習熟獨月巖
星墩向聞之未知若此奇也况山川拱抱
風氣攸萃所以篤生異人上接孔孟之傳
下衍程朱之緒固天造地設而非人之所
能爲也及考元公弱冠聞道遂登仕籍位
不大顯獨不忍違清時志行高潔而循循
由由與人爲善無所不至吟咏應酬之作

率和易冲粹無一毫勉強意必之私庶幾
哉無可無不可非顔閔不足以擬之使得
游孔門奚直逮肖巳哉惜乎有醇儒而不
能用此宋之所以止於宋也我
朝道學大明先生之言固家傳人誦然不泥
詞章訓詁能窺公之堂奥寧幾人哉此集
傳而人之景行若發蒙矣以是知
公盛爲世教計而崔君之政之學可謂能

先其大者云附其說編左

萬曆三年歲次乙亥春王正月上元湖廣

永州府知府前進士侍

經筵官兵科右給事中東郡丁懋儒譔

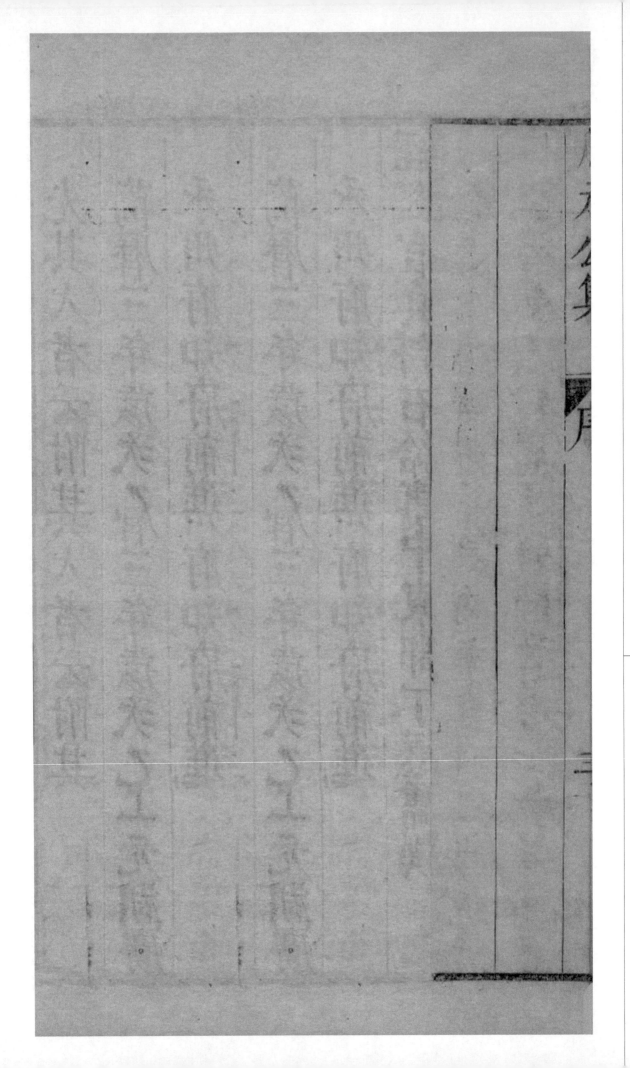

宋濂溪周元公先生集序

君子論楚人物率稱二甫氏且謂洙泗而下得道鮮楚產彥夫濂溪周子者固楚產也則畧之郎如斯言蘇長公所謂此論未公吾不憑殆爲今日云云及考舜文生卒皆于其地故稱東西夷人周子生于永之營道卒于潯陽今割兩藩衡僻且異矣夫潯陽衡人知周子孰問營道僻哉君子豈

畧元公也予則以爲國有史治亂該家有
乘名縱著眞儒生是邦匪籍曷稽是故濂
溪不可無集也往者予白史齋禮公亦旣
表厥宅里矣集嘗刋之州守者再則以殘
缺告嗚呼斯集亡雖永亦弗知矣况他乎
會泉王公來守吾郡循力務效作人尤急
以永乃元公故里理學淵源風韻不泯欲
梓其集廸多士予亦以爲言命庫役求鏤

板弗得遂與同寅邵公守齋紀公峴南崔
公弘菴議刻焉少選以入·
覲行崔公適視州篆乃鋭意搜得舊刻者二
以畀予誌則博而泛其失也雜集則簡而
朴其失也疎皆弗稱乃參取江州集會萃
詮次類分焉既成屬予序予惟周子之道
繼絕學于聖遠言湮先儒論之備矣豈末
學所敢知然嘗論道統自堯舜禹湯文武

以至孔子心法相傳獨孟軻氏見知聞知
之說確有統緒蓋得道學眞傳惟軻氏故
叙道統眞切亦惟軻氏今卽其論求之千
載之後儒者皆知推尊孔孟然牽事訓詁
文義已落第二義孰有如周子圖書之妙
闡發聖蘊幽秘直承孟氏之傳者乎或者
因疑朱熹氏推重明道蓋不知特取其表
章大戴有功聖經耳非論道統也矧且出

其門耶夫繼道統者立言不必盡同如軻氏親受業于子思而知言養氣之學乃孔門絕口未及道者謂非得統于孔子可乎周子太極易通之作實擴前聖未發所以繼孟軻氏而開來裔者端在是爾矣今圖書具濂溪集中予因之以論周子者如此然是集出則列聖之道益明匪直可淑多士且使人皆知周子之生乃在此而不在

彼吾楚赫然爲道學鄉矣夫以周子論楚
然後君子之論定云
萬曆二年歲在甲戌孟春之吉後學郡人蔣
春生書于宗濂書院

刻宋濂溪周元公先生集序

濂溪先生崛起舂陵默契道體繼孔孟眞傳開程朱來學吾道正統也歷代褒嘉其來尚矣雖宦寓江州而我營樂鄉安定山實誕生之地去州治十五里許即先生故居子姓繁衍家廟在焉紹興已卯建祠於學宮西徙其裔子翰博君居祠下而家廟在營樂鄉者遂爲故里歲久頽圮先文宗

廬山胡公嘗歷其地甚以卑隘爲歉復遷
原所迺命羅州守營建廳堂一層猶不足
以聳觀也萬曆癸酉冬四府崔弘菴公以
賢能委攝州事至則政教修明崇重儒道
慨然有表章修復之志適中丞汝陽趙公
按州瞻拜祠下環視弗稱而以改建鼎立
屬公公益銳意經營里有五星墩誌載應
公之生者久沒於豪右即捐金恢之舊有

祠湫隘復市近宅田大拓其址建正廳五楹以妥公像移昔廳于後爲客堂左右各建書舍六楹俾子弟肄業其中最後建室五楹爲歲時宅眷屬以别内外也前儀門大門各三楹廚庫廊舍咸備繚以垣墻先繪圖呈中丞公咸協其意公卽市材鳩工刻日興作期奏盛美仍捐已貲若干市近宅常稔田二十畝有奇俾子孫世守以供

祀事祠前開沼植蓮以存公之遺愛嗟夫崇德報功尚義樂施人罔不知之顧有是志而或限于勢勢可爲矣而復靳于財均之不能有爲也兹能賛中丞公志規畫措置悉出已有而不傷乎民非公疇能之載閲濂溪集舊刻蕪漏不稱文獻卽以公餘校讐删繁補畧凡係先生之言行者悉録之諸後人詩賦不與焉類編梓成足爲全

書其大造于先賢何如也嘗孜公爲江東望族世有顯者能任事令先君肇山翁以

名進士爲

熙朝桂史按部八閩時曾捐貲爲考亭後易田二百畝俾世供祀事閩人頌之仁聲義聞先後一轍公誠有所受之也故德業聞望推重一時楚人士能悉之此舉特德政中一事耳豈足以槩公平生哉余因博士

君聯官之請業已立石祠中復僭書於簡
首以垂不朽云
萬曆二年歲次甲戌夏四月吉旦後學郡人
黃廷聘謹識

宋濂溪周元公先生集序

天開宋文治故奎聚五星於時周元公生春陵其地亦有五星墩焉蓋天地協祥以篤生眞儒宜乎其上接孔孟于載如綫之緒以開羣迷于無窮也今觀太極易通之作闡洩元化黙賾道體有功於先后甚大視夫訓詁詞章非不能羽翼吾道而已非聖賢相傳之心印矣故歷代褒崇特厚而

我
朝復有加焉非過也宜也顧規制弗飭典烏
乎稱而文獻罔徵后何由考我太府王會
泉公嘗有志而未逮也癸酉冬四府崔弘
菴君以賢受知當道檄署州事甫至謁先
師畢即拜元公祠祠故建學宫西近遷故
里亦稍隘而子姓廬舍又相去數十武許
及考五星墩已沒于豪右者強半崔君郎

捐已貲復之仍增市近田供祀事尋謀所
以修拓其祠宇者而后爲之集會中丞趙
汝泉公按部至亦往拜之慨其祠宇弗稱
崔君對悉如前汝泉公大稱賞令繪圖估
費次第營之而集之作備載元公事其未
備者參之江州本補焉奠公文若諸記得
僉載如詩賦惟録同時者此外雖工弗收
明此爲元公集而非以修翫詠也兹集出

天下曉然知元公之濂溪在春陵而其寓

廬山不能歸亦以濂溪名堂者正丘首之

意也噫聖賢雖以天下爲土而禀山川靈

秀以生忍遽忘其本哉元公復起當不易

吾言矣

萬曆甲戌夏四月吉后學郡人呂藿譔

彙刻元公世系遺芳集凡例

一按元公育于宋眞宗天禧元年丁巳卒于神宗熈寧六月癸丑得年五十有七没後而道風益振景仰益尊自宋迄我明凡道統名碩悉有記載疊見誌林凡若潘與嗣若度正若紫陽和叔若荊公定夫羅從彥歐陽玄輩代有記賛入國朝而張氏元禎漳浦王會與夫蓮峰王汝憲東郡丁懋儒蔣春生黃廷聘呂藿諸賢相望簡冊筆載幾如充棟然或遺于斷簡或混于

他籍其奚以備參求殊爲鈌典與爵用是惴
惴敬以補綴餘功稍次編輯搜尋歲月始授
鏤梓

一凡舊刻在道州而吳中無其本者倣摹挍梓
命曰濂溪周元公集又曰周子大成集

一吳中散軼有分載而無彙刻者特爲鼎梓命
曰世系遺芳集斯非與爵臆創庶統之有源
悉之有委此固編輯體例也

一自道州壽一支隨任九江至四世孫興裔扈
蹕南渡來吳嗣是而才與文英南老等率以

宦績炳然其吟咏著作附載郡邑誌者輿爵

用以表章據其所見者先付之梓

一者燾之一支在道州者其事實更自有集冀

嗣起者諒予一片苦心踵輯彙成並集廣傳

於世是亦先賢之所昭格也

一梓成而第其編有五次其卷凡十有五時歲

攝提格之春明日也

吳郡十七世守祠奉祀孫輿爵謹識

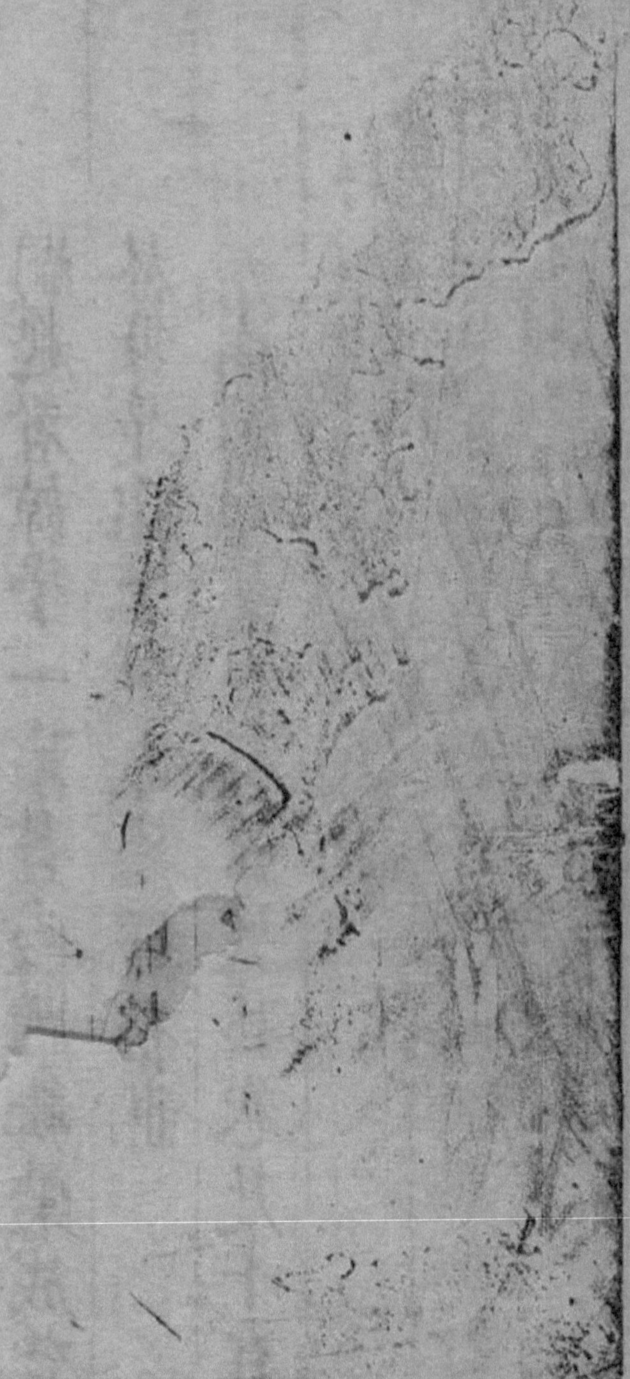

宋濂溪周元公先生集

目録

卷之一

卷之二

卷之三

元公遺書

太極圖說

通書

附錄

太極通書總序　朱熹

太極圖解　張栻

太極圖解後序　張栻

通書後跋　張栻

卷之四

元公雜著 文四 書簡六 賦一 詩二十八

養心亭說

愛蓮說

吉州彭推官詩序

邵州遷學釋菜文

拙賦

題門扉

濂溪書堂

書窗夜雨

石塘橋晚釣

題太顛壁

牧童

經古寺

同友人遊羅巖

題惠羅浮山

題酆州仙都觀

宿山房

遊赤水縣龍多山書仙臺觀刻石

喜同費長官遊

和費君樂遊山之作

卷之五

諸儒議論 共六十三條

歷代褒崇

濂溪先生謚議 宋嘉定十三年

追封汝南伯從祀廟庭 宋淳祐元年

加封道國公詔 元延祐六年

國朝褒崇優恤 正統元年

錄周元公子孫 景泰七年

附宋御賜道州書院額

卷之八

祠堂墓田諸記

濂溪先生祠堂記 胡銓

附錄

卷之九

古人詩

和周茂叔席上酬孟翺大傅　傅耆

題濂溪　潘興嗣

贈周茂叔　何平仲

同周惇頤國博遊馬祖山　趙抃

題周茂叔濂溪書堂　前人

茂叔先生濂溪詩呈次元仁弟　蘇軾

零陵通判廳事後康功堂　胡寅

題濂溪　林煥

奉寄周茂叔　蒲宗孟

宋濂溪周元公先生集卷之二

故里圖

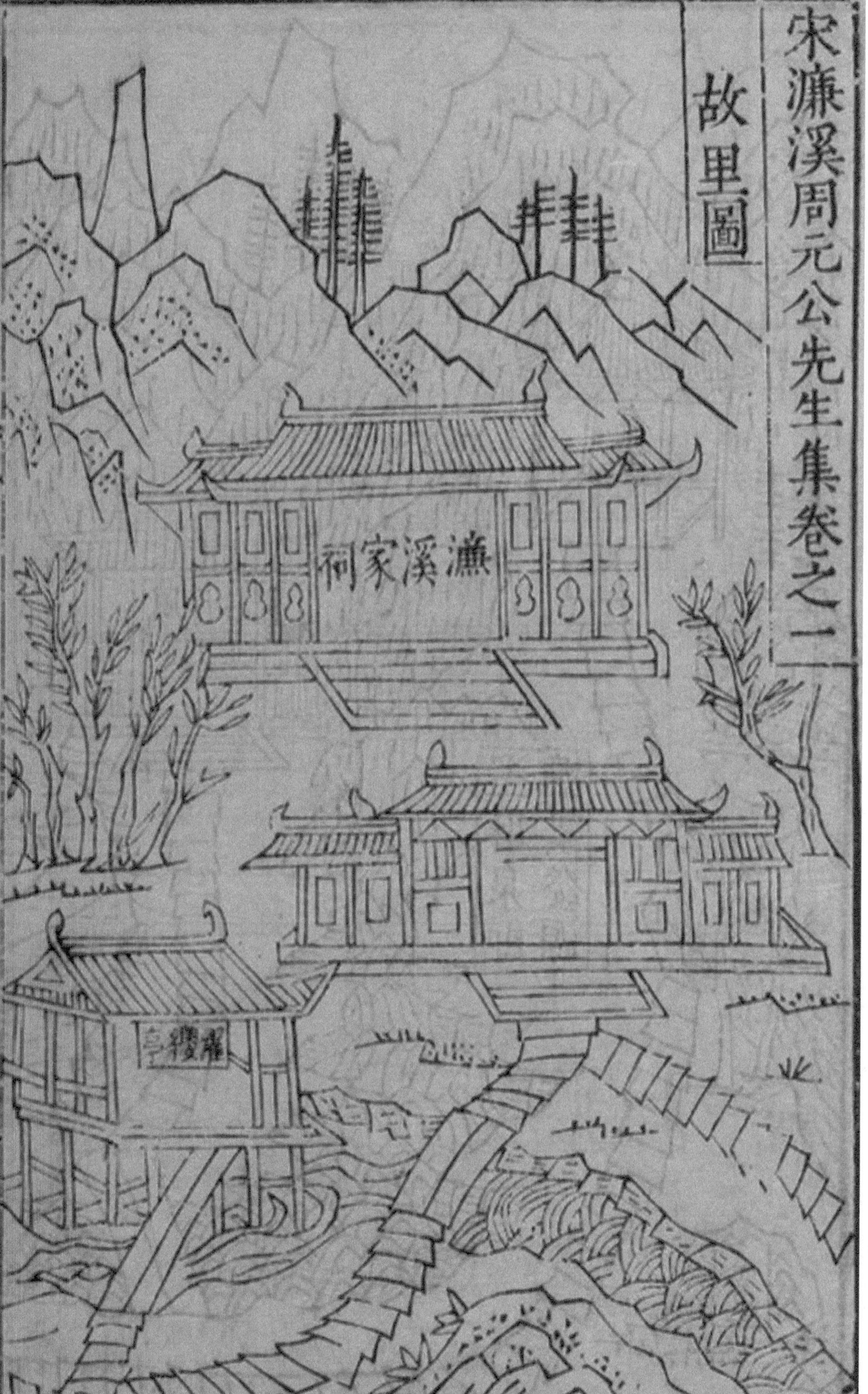

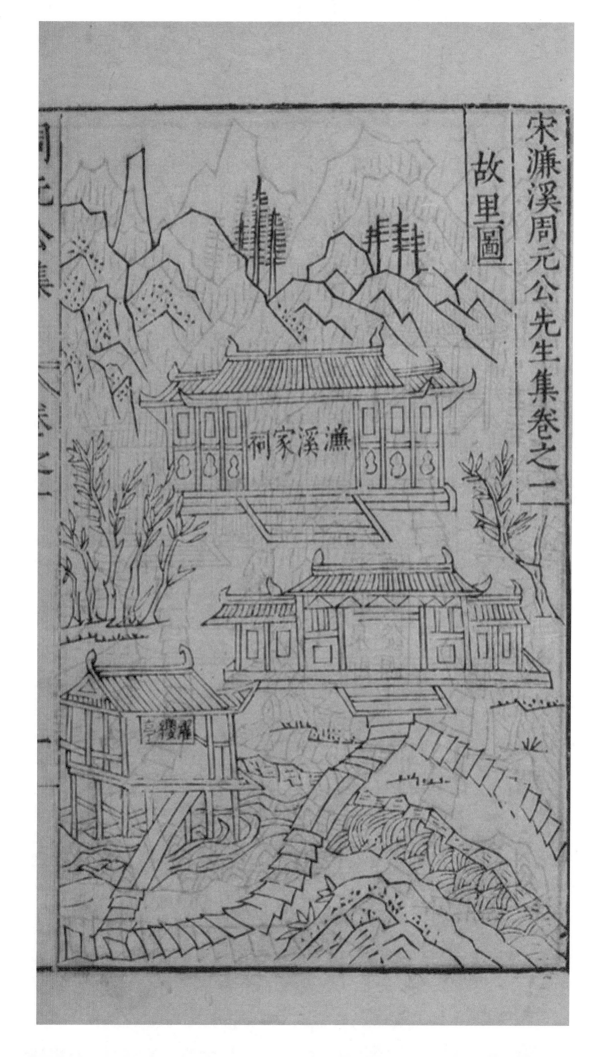

有本亭
風月亭
火星
聖脉泉即濂溪發源
金星

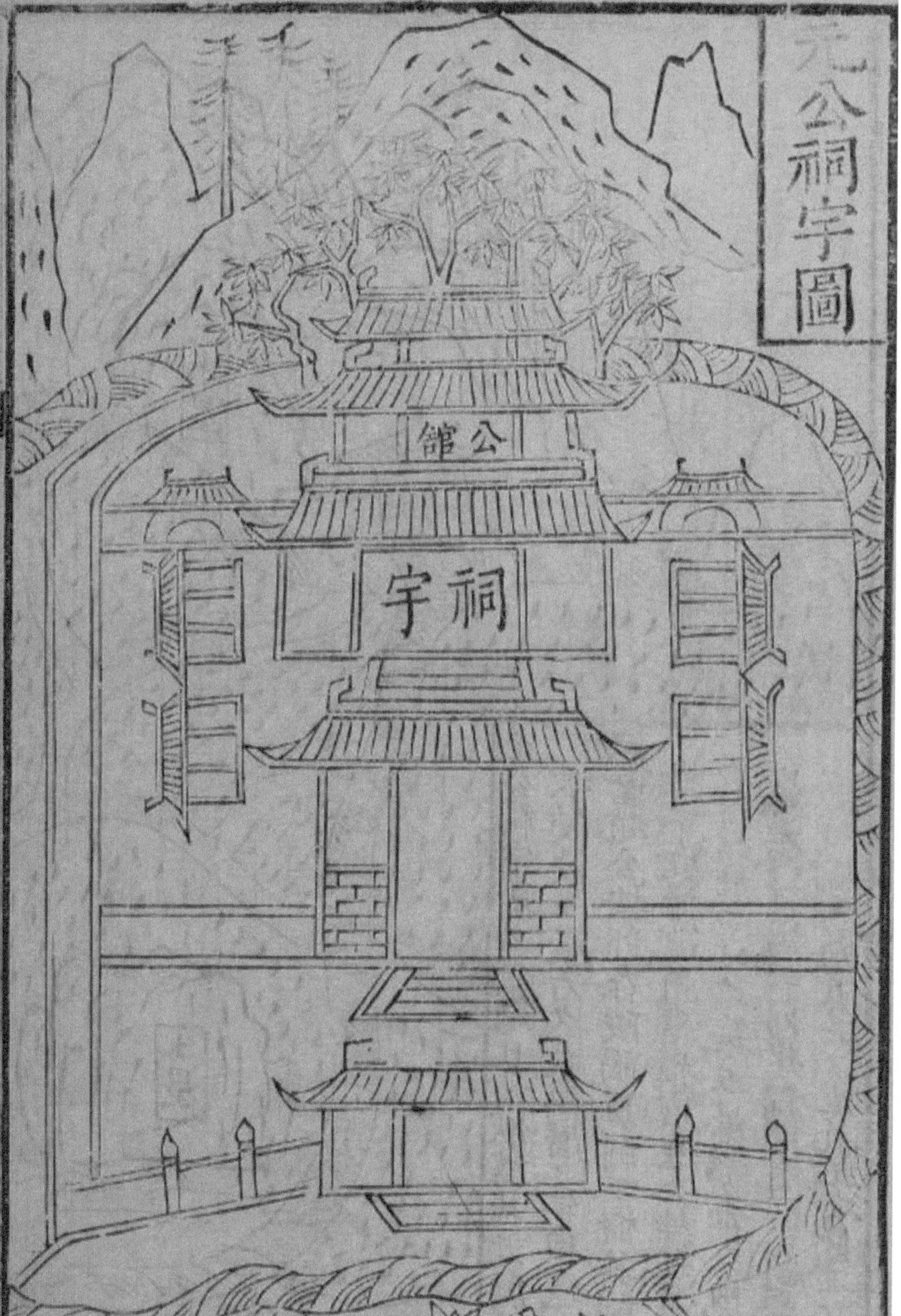
元公祠宇圖
公館
祠宇
水星

元公祠宇歲久傾圮且稍湫溢其近祠地并五星
墩侵没于豪右久矣萬曆二年甲戌
撫臺趙公按部春陵謁奠祠下慨其祠宇弗稱廼
檄本府署道州事推官崔公綜理其事焉公捐
貲復拓其地址培築五星墩置供祭田鑿蓮花池
以至飭材鳩丁爲建祠宇重修諸亭規制煥然
一新視昔爲迥異云　告貢王之臣王有恒識

此濂溪先生故里也在永州府道州營樂里距州西十五里卽古營道縣先生家焉左龍山右豸嶺岡隴丘阜拱揖環合相傳有五墩繞宅若五星焉世久爲鄉人所夷僅有其一先生生於此山之西石壁有古刻道山二大字下有石竇深廣莫測有泉湧出所謂濂溪者也清泠瑩徹如飛霜噴玉不溢不涸知州方進刻其上曰聖脉故人呼爲聖脉泉泉之上有亭曰風月沿流而東爲濯纓亭又東乃故居家廟在焉厥嗣孫居之又東爲大富橋先生初年釣遊其上濯纓而樂之卽其地也夫吾楚

山川雄勝迤邐而南浩瀚如洞庭峭拔如衡嶽至九疑列峙瓌奇異狀而極扶輿之精必鍾於人先生以直接軻氏之傳篤生其間以應乾德聚奎之兆蓋亦非偶然也萬曆甲戌春撫臺趙　按屬至郎謁奠祠下環視故居祠宇湫隘弗稱遂命庀材鳩工飭新之厥制前堂後室兩翼列峙而重門嚴邃務極宏麗以示尊崇之意時本府節推崔適視州篆又爲增廓近宅田以供祀事其所謂五墩者雖夷頹過半俱跡其舊復崇焉珠聯錯落儼若五星矣夫天不愛道五星聚地不愛寶五墩列茲又

復舊壞於九廢之餘以補造化之所不及而况祠宇煥然瞻者起敬周子之道不亦愈明於今日哉

郡人蔣春生識

濂溪書院圖

太極
書院
霽月坊
光風坊

右濂溪書院一在府學後高山寺之右嘉靖末知府黄翰建扁曰宗濂書院郡人蔣春生爲之記一在州學西代有沿革今考宋南軒張栻以先生倅永闗祠堂於郡學殿宇之東今廢而在州者則自宋元以來若向子忞鄒甹趙汝誼先後修葺

國家崇重道學首建書院弘治正統間知府曹來旬知州方瓊相繼修理而御史姚虞檄視州事通判金椿重建嗣孫翰又增飾之前爲御賜亭卽宋理宗賜也左右二坊曰光風曰霽月亭二曰太極曰愛蓮詳載碑刻視昔煥然改觀矣夫先生之學再

闢渾淪續道統之傳於千載之後固天下後世之所崇祀而景仰之者故書院之建何處無之而吾永乃先生故里道學淵源風韻不泯士類依歸而大地衣被者也是故誠不可不加之意也已

月巖圖

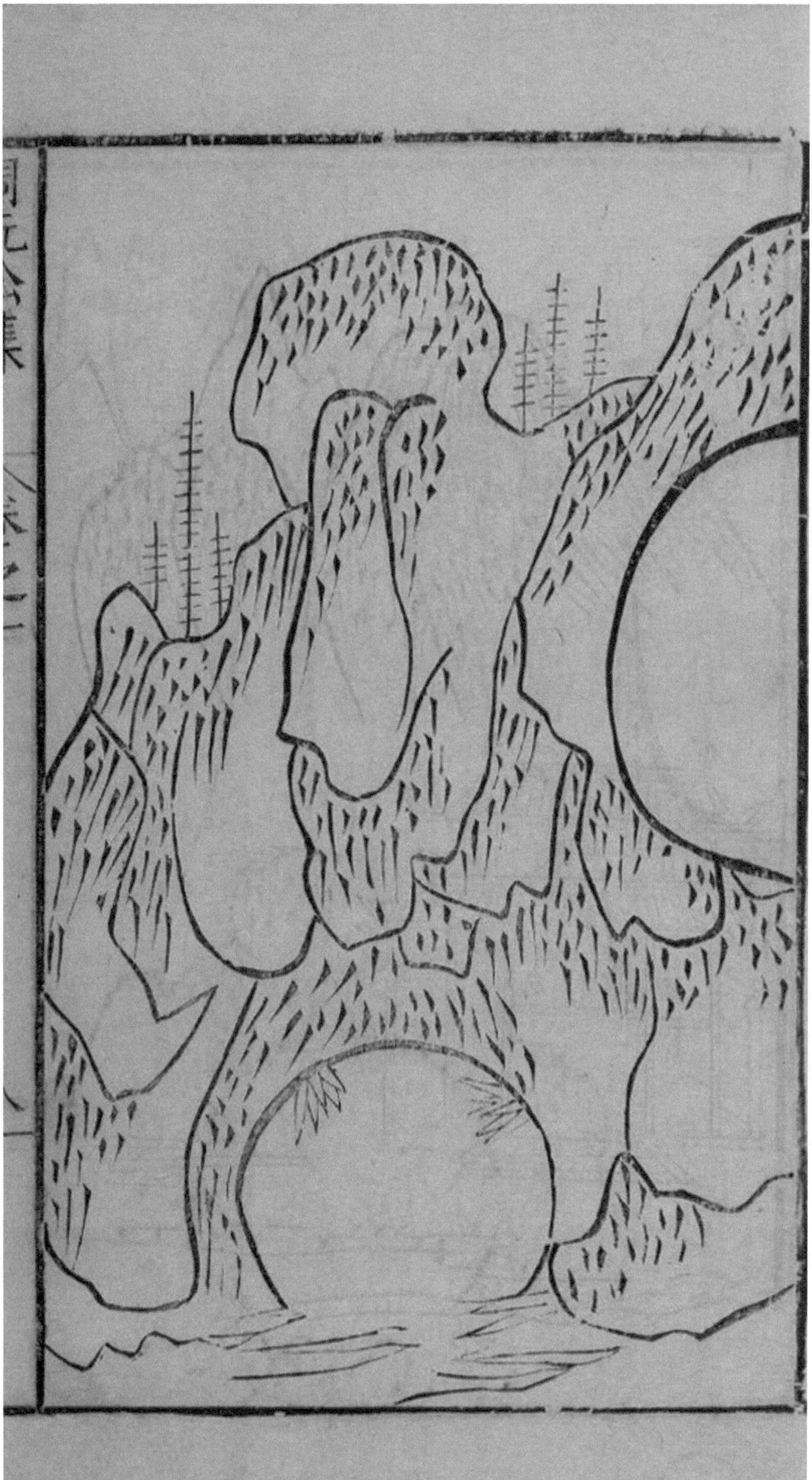

太極亭

右月巖在故里西八里許有山拔聳中爲巖洞東西兩門相向可通往來望之若城闕然洞半嶺虛而圓東西望之如月上下弦至中則復圓又如月之望隨行進退盈虧焉形象月故曰月巖相傳先生太極圖得之此雖未必然嗚呼伏羲作易畫卦亦以觀察取求則是圖之作理或然也洞高可四五十丈寬可容數千人中有濂溪堂奇石峭壁相逐如走猊俯顧如伏犀蹣跚如龜翺翔如鳳蜿蜒如龍蛇石液凝注望之若欲滴西壁有石筍矗立下有竇深黑不可入然鳥音人聲響應鏦錚如奏

笙簧亦天造奇觀也

濂溪周元公遺像

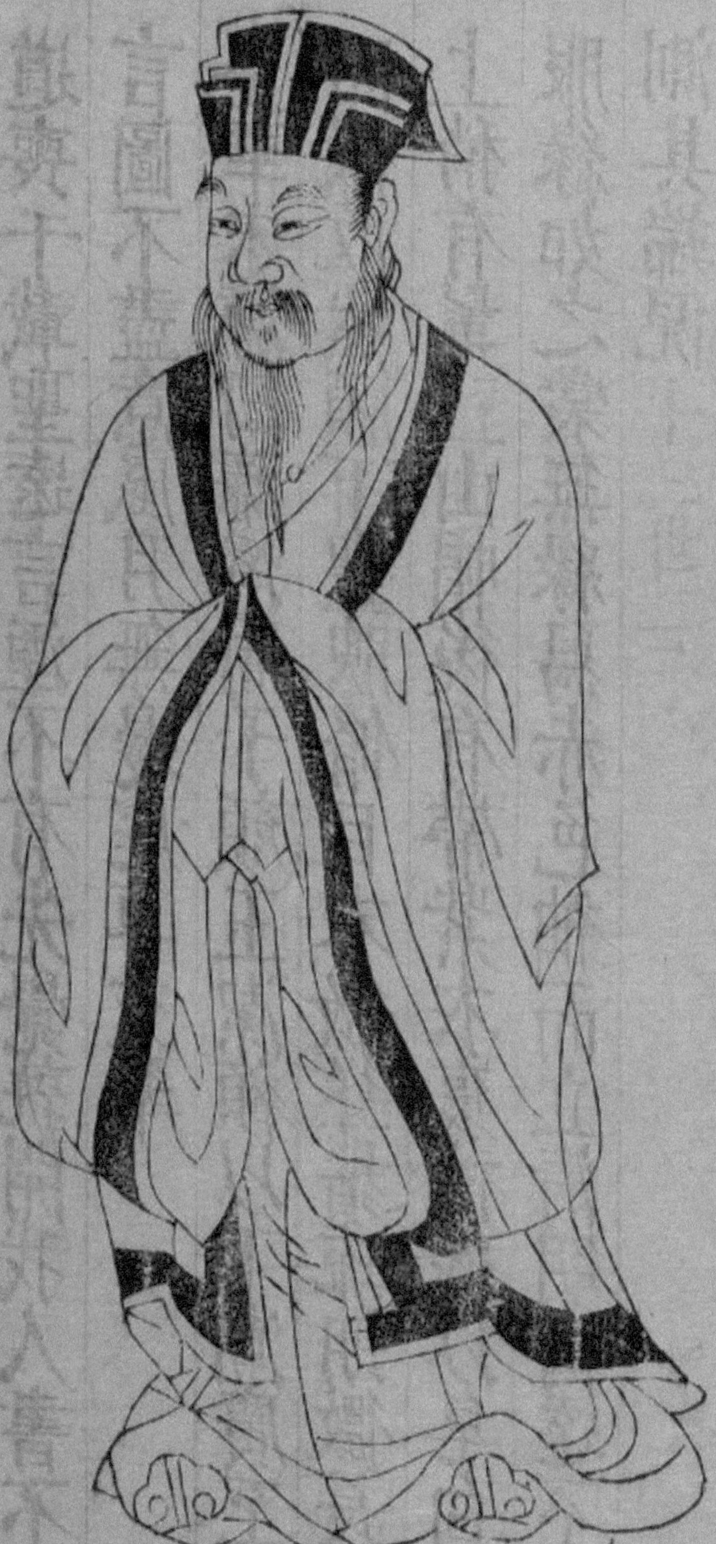

像贊　　朱熹

道喪千載聖遠言湮不有先覺孰開我人書不盡言圖不盡意風月無邊庭草交翠

金華宋濂曰濂溪周子顏玉潔頷以下漸廣至顴而微收然顱下豐腴脩目末微聳鬚疏朗微長頰上稍有髯三山帽後有帶紫衣褒袖緣以皂白內服緣如之裳無緣舃赤色袖而立清明高遠不可測其端倪

宋濂溪周元公先生集卷之二

世系圖

吳郡十七世孫與爵重輯

濬 揚州都督
先生始祖

十三世二子

六世至十一世
遭兵燹不絕如綫

四世二子

二世二子
顗
嵩

三世三子

五世一子

十二世二子

十四世至十八世
晢

十九世從遠子一

二十世智强子五

懷式 又名

伯高 進士

鐸 未仕

識 天聖五年二甲及第

正 未仕

懷成 又名

輔成 大中祥符賜進士出身

礪 一子

惇順 二子

仲章 元公加贈諫議大夫一子

壽 元豐五年進士六子

燾 元祐三年登第三子

伯順

伯達

虞仲

叔夏

季夏

季仲

季次

績

綱

縕

壽

字元翁補太廟齋郎元豐五年登黃裳榜進士終司封郎中隨父徙居九江生六子

伯達 祖蔭終迪功郎泰州儀曹年三十

虞仲 父蔭終修職郎江州刑曹年四十五

叔夏 字求正用叔父遺澤補登仕郎卒

季友 字求仁卒年三十九

季仲 字求善祖蔭廸功郎德化縣丞娶陶氏二子 興畚 興宗

季次 字求憲卒年三十

燾

字次元補太廟齋郎元祐三年登李常寧榜進士終朝議大夫贈通奉大夫生三子

縯字慶長父蔭終於奉議郎通判蘄州

正卿字師端

直卿字師溫

良卿蚤卒

彥卿字師美

絪字慶和父蔭承事郎終光州固始丞

編字慶醇父蔭承仕郎卒

與裔

字克振除授武功大夫駐劄平江奏立勅建元公祠于蘇郡胥臺鄉後禦金虜對壘殉節王事勅葬常熟虞山東麓子二昺昱

昺

字至德蔭迪功郎爲常熟縣尉有治績守祠墓子孫徙居于吳子璵

昱

字至道授從仕郎丹陽尹子琪

璵

字晉卿授承事郎秘書省檢閱文字下居吳塘里子才

琪

字漢卿授從仕郎浙東提刑司通判子良

才

字仲美景定間授迪功郎沿江制機檢察水部兵築室吳塘里所著宋史婁吳塘吟稿子二文華文英

文華

字子榮授常州府學學正子二景鳳景麟

文英

字紫華授杭州北關副使按勅沿江監稅開濬三吳水利子二南老甫

南

字正道號年名南老附吳縣主簿有治績稱與能遷江浙行中書省照磨洪武初召入京與陶安輩同議郊祀禮禮成放歸子一敏

敏

字遜學任長洲儒學教諭署府學事同山陰胡隆成等被召入京中內廷試將充大用以親老歸養子四汝浦淵源

汝

字玉成洪武間授福建安溪主簿子二經維

浦

字玉泉正統元年創立崇本堂於正寢之旁中祀始祖元公歷代考妣昭穆序列子孫時薦子

淵

字玉淵由太學生纂修永樂大典任遂昌知縣終無嗣

源

字玉芳

綱

字文叙由薦賢才考授融縣丞轉除知縣十有八載有惠政於民融民祀之韓都御史奏綱子奎爲融縣丞從征洞蠻子三璧奎參

奎

字微垣成化中都御史韓雍薦奎爲融縣丞洞征蠻命有功奏奎爲世襲勳臣昱辭爵賞改恭陵州判子一鉞

鉞

字器之瞞事端重不苟處世剛毅不屈子一讚

讚

字時臣隱于城市盛際遺民氣槩曠達胸襟瀟灑子一佀

佀

字子猷早歲充家兼盡淑水其貌恂恂其語溫溫雖兒童可與歡洽而富貴無所迎合綽然有古風烈焉子三與相與國與爵

與相

字邦繼子三希顏希曾希思

與國

字邦治子二希孟希尹

與爵

字邦祿念吳中勅祠廢久仍請重建元公祠絃歌里修譜編梓大成集遺芳集子二希皐希嶸

右濂溪世系以晉揚州都督諱淩者爲始祖東周之後徙汝墳之宗裔也平王封次子烈于汝錫土姓以立宗族淩子曰顗仕登尚書僕射次曰嵩拜御史中丞自時厥後傳至從遠代多哲人從遠始適營道縣濂溪傍讀書治産占籍焉生子曰智強智強生子曰懷式又名伯高曰懷成又名輔成皆登進士輔成則元公父也淵源所自積慶亦云遠矣暨元公生二子曰壽曰燾皆登第壽隨父徙居九江生六子伯達虞仲叔夏季友季仲季次季仲蔭廸功郎德化縣丞生二子興裔興宗興裔授武

功大夫扈高宗南渡駐劄平江禦金虜對壘殉節
王事　勑塟常熟虞山東麓子二曰禺曰昱禺奏
爲常熟縣尉世守祠墓而居吳焉次子昱爲丹陽
尹禺生璵昱生珙璵生才才生文華文英文英生
南老南老生敏敏生汝浦淵源浦生綱綱生奎皆
典裔之後興裔父季仲季仲父壽爲元公長子嫡
派嗣是居吳支裔并然但出仕有政績美譽及著
述者載郡邑誌傳間已搜採錄輯其恬隱未顯者
具載世譜不復備述其自肅之宗派在道州者事
實更自有譜集茲不重錄云

年譜　　山陽度正著

宋眞宗天禧元年丁巳月日先生生于道州營道縣之營樂里諱惇實字茂叔後避英宗舊諱改惇頤維周之先自帝嚳生后稷至太王邑于周後遂以爲氏漢興封周後於汝南先生蓋其後也世家營道莫詳其遷徙所自族衆而業儒曾祖從遠祖智强智强五子長識天聖五年王堯臣榜第二甲及第終汀州上杭縣令次鐸次正皆不仕次輔成次伯高舉進士其年特奏名廸功郎輔成即先生父也大中祥符八年蔡齊榜六舉以上特奏名賜進

士出身終賀州桂嶺令娶道州營道縣營樂鄉鍾樂里樓田累贈諫議大夫先娶唐氏生礪礪生仲章唐卒左侍禁鄭燦其先成都人隨孟氏入朝因留于京師有女先適盧郎中盧卒後爲諫議公繼室是生先生謹按濂溪在營道之西距縣二十餘里蓋營州之支流也以營道大富橋古碑記考之自有所謂濂水者蓋舂陵溪泉之名大率多從水如洄溪滮泉涍泉之類濂溪亦然耳而蘇文忠公黃太史皆其同時人乃專指清濂爲義若先生名之以自況者不知何所據也先生嘗寓潯陽愛廬

山之勝貧不能歸遂卜居其下因溪流以寓故鄉

之名築室其上名曰濂溪書堂示不忘父母之邦

之意學者宗之遂號爲濂溪先生云

二年戊午

三年己未

四年庚申

五年辛酉

乾興元年壬戌

仁宗天聖元年癸亥

二年甲子

三年乙丑

四年丙寅

五年丁卯

六年戊辰

七年己巳

先生時年十三志趣高遠里有濂溪溪有橋橋有小亭先生嘗釣遊其上吟弄風月至今父老猶能言之

八年庚午

九年辛未

先生時年十五侍禁之子龍圖閣直學士鄭珦令
先生同母兄盧惇文挈之遂偕母僊居縣太君自
營道濂溪入京師依舅氏
明道元年壬申
二年癸酉
景祐元年甲戌
二年乙亥
三年丙子
先生時年二十行義名稱有聞於時龍圖公名子
皆以惇字因以惇名先生奏補試將作監主簿故

盧氏子亦名惇文

四年丁丑

先生時年二十一七月十六日僊居縣太君鄭氏卒葬于潤州丹徒縣龍圖公之墓側

寶元元年戊寅

二年己卯

康定元年庚辰

先生時年二十四服除從吏部調洪州分寧縣主簿

慶曆元年辛巳

先生時年二十五按先生序彭應求詩自言慶曆初爲分寧主簿當是此年赴上時分寧縣有獄不決先生至一訊立辨士大夫交口稱之嘗被臺檄攝袁州盧溪鎮市征局鮮事袁之進士來講學於公齋者甚衆

二年壬午

三年癸未

四年甲申

先生時年二十八部使者以爲才奏舉南安軍司理參軍

五年乙酉

先生時年二十九南安獄有囚法不當死轉運使王逵欲深治之逵苛刻吏無敢相可否先生獨力爭之不聽則置手版歸取告身委之而去曰如此尚可仕乎殺人以媚人吾不忍爲也逵感悟囚得不死

六年丙戌

先生時年三十大理寺丞知虔州興國縣程公珦假倅南安視先生氣貌非常人與語果知道者因與爲友令二子師之及爲郎每遷授當舉代輒以

先生名聞二子即明道伊川也明道生於明道元年伊川生於明道二年時明道年十五伊川年十四耳故明道傳云自十五六時與弟頤聞周惇實論學遂厭科舉之業慨然有求道之志其後先生作太極圖獨手授之他莫得而聞焉以轉運使王逵薦移彬州彬縣令長沙王民極云先生首修縣學有修學記

七年丁亥

八年戊子

先生時年三十二爲彬縣令知州事職方員外郎

李初平知其賢不以屬吏遇之嘗聞先生論學歎
曰吾欲讀書如何先生曰公老無及矣某請得爲
公言之初平遂日聽先生語二年而後有得初平
兩知彬州按題名記此再任時也

皇祐元年己丑
先生時年三十三李初平卒子幼先生曰吾事也
爲護其喪歸葬之往來經紀其家始終不懈

二年庚寅
先生時年三十四爲彬州桂陽令

三年辛卯

四年壬辰

五年癸巳

先生時年三十七先生在郴桂皆有治績諸公交薦之

至和元年甲午

先生時年三十八用薦者言改大理寺丞知洪州南昌縣南昌人見先生來喜曰是初仕分寧始至能辨其疑獄者吾屬得所訴矣嘗得疾更一日夜始甦潘興嗣視其家服御之物止一弊篋錢不滿數百

二年乙未

嘉祐元年丙申

先生時年四十以太子中舍僉署合州判官事先生性好山水沂峽至秭歸聞龍昌洞之勝與廬陵蔣槩洪崖彭德純遊焉蔣記之事見秭歸集至十一月至合州十日視事有回謁鄉官昌州司錄黃君慶牒尋轉殿中丞賜五品服

二年丁酉

先生時年四十一正月十五日作彭推官宿崇勝院詩序九月回謁鄉士牒稱爲解元才郎今不詳

其爲誰氏子當是去年鄉貢今年南省下第而歸者聞先生學問故來求見耳遂寧傅耆伯成少有俊才年十四薦於鄉先生妻黨陸丞自小溪解官東歸過合陽爲先生言傅之爲人先生致書於傅傅答書云執事以濟衆爲懷神所勞賚故得高士與施至術而心朋遠寓名方豈不勝哉賤子聞之弗勝喜蹈書言心朋意似指二程後書又云違遠高賢鄙吝復萌曩接高論固多餘意行思坐誦嘿有所得不遂溺於時好失於古道也時傅已來合陽見先生矣後書又謂蒙示說姤意遠而不迂詞

簡而不法雜之元結集中不知孰爲元孰爲周也盧次山謂其詞深義密如軻之文鄭夫人前適盧郎中次山必其族黨之知學者味其言尤爲知先生是歲有傳和先生席上酬孟翱大博詩

三年戊戌

先生時年四十二傅伯成請策題先生未暇作因遣人至遂寧探問新合州使君有書寄傅且託買皂紗作夏衫并樗蒲綾袴段二箇按先生在合州與同事者三人何涉董宗式李鄭何涉之來在先生前李鄭在四年十月惟宗式在三年三月此乃

二月四日書則所探新合州爲宗式無疑耳

四年己亥

先生時年四十三左丞蒲公宗孟從蜀江道于合初見先生相與款語連三日夜退而嘆曰世有斯人歟乃議以其妹歸之

五年庚子

先生時年四十四六月九日先生解職東歸時呂給事陶爲銅梁令有送先生序并詩今載集中先生初娶職方郎中陸參女封縉雲縣君按嘉祐二年傅與先生書云封君尊候康寧又云聞封君雅

候甚平復當是素抱疾故門人書問及之然竟以不起又按呂和叔有詩賀其弄璋未知陸所出否也至是再娶太常丞蒲師道女是為左丞宗孟之妹左丞二妹三妹其別黎郎十娘詩云六娘周家婦晚方偶良姻乃是我手娉不見五六春是也先生在合士之從之者衆矣而尤稱張宗範有文有行故名其所居之亭曰養心且語以聖學之要其汲汲於傳道授業也如此一郡之人心悅誠服事不經先生手吏不敢決苟下之人亦不從既去相與祠之南禪正少時猶及見之按劍門集有先生

詩先生在合陽無因過劍門或是嘗過閬中蒲氏
聞劍門之勝因往遊耳先生東歸時王荊公安石
年十九提點江東刑獄與先生相遇語連日夜安
石退而精思至忘寢食是歲趙清獻公抃以言事
切直出虔州
六年辛丑
先生時年四十五遂寧傅耆登第相遇京師先生
剌云從表殿中丞前合州從事周某專謁賀新恩
先輩傅弟三月十二日手謁是歲二月辛未御崇
政殿試禮部進士三月癸丑賜進士王俊民等一

百三十九人及第傳第三十八人十二日則唱名之三日耳遷國子博士通判虔州先生前在合陽或譖之清獻清獻臨之甚威先生處之超然清獻疑終不釋至是熟試先生所爲執其手嘆曰幾失君矣今日乃知周茂叔也薦之於朝論之於士大夫終其身

七年壬寅

八年癸卯

先生時年四十七行縣至雩都邀餘杭錢建侯拓四明沈幾聖希賢遊羅巖正月七日刻石四月壬

申朔

英宗登極遷虞部員外郎追贈父桂嶺君爵郎中五月作愛蓮說是歲虔州民家失火焚千餘間朝廷行遣差替時先生季點外縣不自辨明韓魏公曾魯公皆知之遂封移通判永州程師孟吳下人樂易純質喜爲詩時知洪州以詩送行

英宗治平元年甲辰

二年乙巳

先生時年四十九三月十四日有同宋復古遊廬山大林寺至山巔詩復古名廸善畫江南西路轉

運使成都李公大臨才元詩謂先生于濂溪云詹前翠靄逼廬山門掩寒流盡日閒指江州之濂溪也運使李公丁憂四月先生以疏慰之清獻公自成都寄詩先生云君向濂溪湖外行停潛仍喜便歸程指道州之濂溪也按成都記清獻以是年四月視事所寄詩當在四月以後十一月合饗天地于圜丘先生遷比部員外郎在武昌嘗以詩一軸遞中寄蒲左丞除夕方達次年正月左丞成十詩答之今載清風集

三年丙午

四年丁未

先生時年五十一先生素貧初入京師鬻其產以行擇留美田十餘畝畀周與耕之以灑掃其父郎中之墓至是自永州移文營道言之因携二子歸舂陵展墓三月六日與鄉人蔣瓘區有鄰歐陽麗理掾陳賡同遊含暉洞洞在今營道縣南二里刻石其陰八月營道給吏文付周與從先生之言也

神宗登極遷朝奉郎尚書駕部員外郎加贈父諫議大夫六月十四日與其兄之子仲章手帖云可具酒果香茶詣墳前告聞先公諫議是也其帖後歸

張敬夫今刻之道州桂林學官先生在永三年嘗作拙賦既去永人思之爲立祠題曰康功胡宏仁仲有詩云千古濂溪周別駕一篇清獻錦江詩是秋攝邵州事九月先生自邵陽發遞以改定同人說寄傅伯成傅時知嘉州平羌縣明年傅復書云蒙寄既同人說徐展熟讀較以舊本改易數字皆人意所不到處宜乎使人宗師仰慕之不暇也先是邵之學在牙城之中左獄右庾卑陋弗稱先生始至伏謁先聖殿下起而悚然乃度高明之地遷于城之東南逾月而成

神宗熙寧元年戊申

先生時年五十二荆湖北路轉運使孔延之爲先生作邵學記書曰治平五年正月三日其日先生率僚吏諸生告于先聖先師亦書治平五年

神宗即位改治平五年爲熙寧元年時改元詔未到故學記及祝詞皆作治平五年耳後人狥尋常利便之說輒徙其學他所乾道九年知州事胡侯始復其舊張敬夫爲詳其事而記之呂正獻公著在侍從聞先生名力薦之會清獻公在中書擢授廣南東路轉運判官有啓謝正獻公云在薄宦有四

方之遊於高賢無一日之雅

二年己酉

三年庚戌

先生時年五十四擢虞部郎中擢提點廣東路刑獄

四年辛亥

先生時年五十五以正月九日領提點刑獄職事行部至潮州州有題大顛堂詩時虞部郎中杜諮知端州禁百姓采石獨知州占斷人號爲杜萬石先生惡其奪民之利因爲起請凡仕於州者買硯毋

得過二枚遂爲著令先生盡心職事務在矜恕得罪者自以爲不冤俄有疾聞水齧僊居縣太君墓遂乞南康八月朔移知南康軍十二月十六日改塟於江州德化縣清泉社三起山塟畢曰强疾而來者爲塟耳今猶欲以病汚麾綏邪上南康印分司南京

五年壬子

先生時年五十六平日俸祿悉以周宗族奉賓友及分司而歸妻子饘粥或不給曠然不以爲意既不能返其故鄉尤愛廬阜之勝遂於書堂而定居

焉

六年癸丑

先生時年五十七淸獻公再尹成都聞先生之去

拜章乞留朝命及門以六月七日卒二子壽燾時

皆太廟齋郎以十一月二十一日葬先生於僊居

縣太君墓左從遺命也

宋濂溪周元公先生集卷之三

元公遺書

吳郡十七世孫與爵重輯

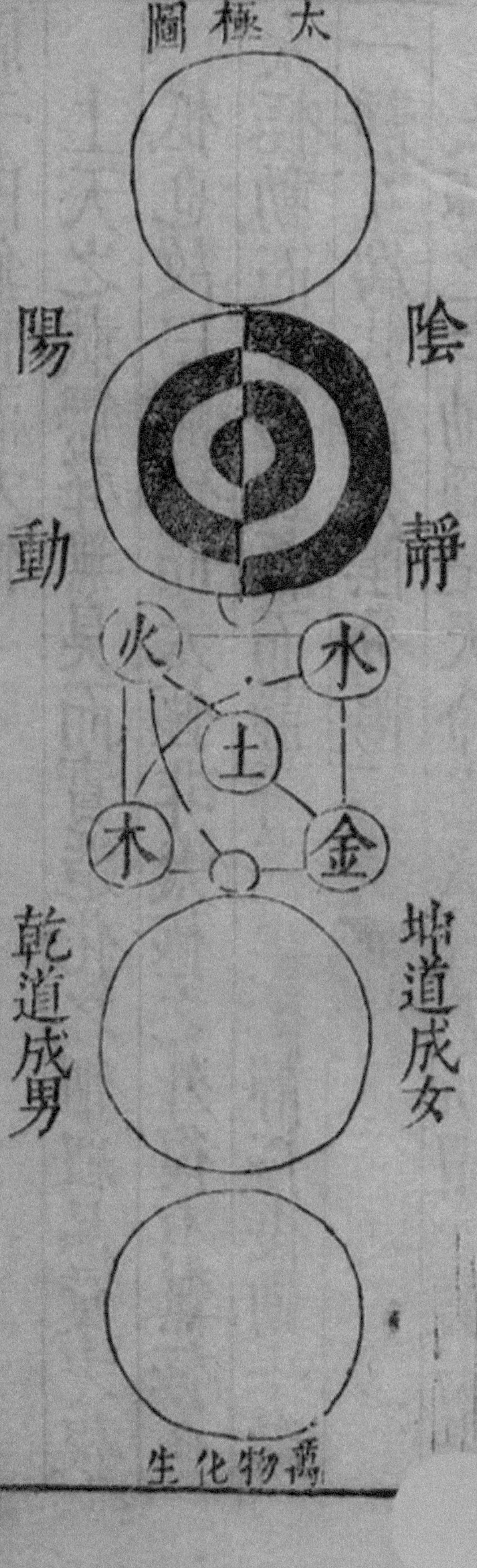

太極圖說

朱子註解

周子曰無極而太極

上天之載無聲無臭而實造化之樞紐品彙之根柢也故曰無極而太極非太極之外復有無極也

太極動而生陽動極而靜靜而生陰靜極復動一動一靜互爲其根分陰分陽兩儀立焉

太極之有動靜是天命之流行也所謂一陰一陽之謂道誠者聖人之本物之始終而命之道也其動也誠之通也繼之者善萬物之所資以始也其靜也誠之復也成之者性萬物各正其性命也動

極而靜靜極復動一動一靜互爲其根命之所以
流行而不已也動而生陽靜而生陰分陰分陽兩
儀立焉分之所以一定而不移也蓋太極者本然
之妙也動靜者所乘之機也太極形而上之道也
陰陽形而下之器也是以自其著者而觀之則動
靜不同時陰陽不同位而太極無不在焉自其微
者而觀之則冲漠無朕而動靜陰陽之理已悉具
於其中矣雖然推之於前而不見其始之合引之
於後而不見其終之離也故程子曰動靜無端陰
陽無始非知道者孰能識之

陽變陰合而生水火木金土五氣順布四時行焉
有太極則一動一靜而兩儀分有陰陽則一變一
合而五行具然五行者質具於地而氣行於天者
也以質而語其生之序則曰水火木金土而水木
陽也火金陰也以氣而語其行之序則曰木火土
金水而木火陽也金水陰也又統而言之則氣陽
而質陰也又錯而言之則動陽而靜陰也蓋五行
之變至於不可窮然無適而非陰陽之道至其所
以爲陰陽者則又無適而非太極之本然也夫豈
有所虧欠間隔哉

五行一陰陽也陰陽一太極也太極本無極也五行之生也各一其性

五行具則造化發育之具無不備矣故又即此而推本之以明其渾然一體莫非無極之妙而無極之妙亦未嘗不各具於一物之中也蓋五行異質四時異氣而皆不能外乎陰陽陰陽異位動靜異時而皆不能離乎太極至於所以爲太極者又初無聲臭之可言是性之本體然也天下豈有性外之物哉然五行之生隨其氣質而所稟不同所謂各一其性也各一其性則渾然太極之全體無不

各具於一物之中而性之無所不在又可見矣

無極之眞二五之精妙合而凝乾道成男坤道成女二氣交感化生萬物萬物生生而變化無窮焉

夫天下無性外之物而性無不在此無極二五所以混融而無間者也所謂妙合者也眞以理言無妄之謂也精以氣言不二之名也凝者聚也氣聚而成形也蓋性爲之主而陰陽五行爲之經緯錯綜又各以類凝聚而成形焉陽而健者成男則父之道也陰而順者成女則母之道也是人物之始以氣化而生者也氣聚成形則形交氣感遂以形

化而人物生生變化無窮矣自男女而觀之則男女各一其性而男女一太極也自萬物而觀之則萬物各一其性而萬物一太極也蓋合而言之萬物統體一太極也分而言之一物各具一太極也所謂天下無性外之物而性無不在者於此尤可見其全矣子思子曰君子語大天下莫能載焉語小天下莫能破焉此之謂也

惟人也得其秀而最靈形既生矣神發知矣五性感動而善惡分萬事出矣

此言衆人具動靜之理而常失之於動也蓋人物

之生莫不有太極之道焉然陰陽五行氣質交運而人之所稟獨得其秀故其心爲最靈而有以不失其性之全所謂天地之心而人之極也然形生於陰神發於陽五常之性感物而動而陽善陰惡又以類分而五性之殊散爲萬事蓋二氣五行化生萬物其在人者又如此自非聖人全體太極有以定之則欲動情勝利害相攻人極不立而違禽獸不遠矣

聖人定之以中正仁義而主靜立人極焉故聖人與天地合其德日月合其明四時合其序鬼神合其吉

凶

此言聖人全動靜之德而常本之於靜也蓋人稟陰陽五行之秀氣以生而聖人之生又得其秀之秀者是以其行之也中其處之也正其發之也仁其裁之也義蓋一動一靜莫不有以全夫太極之道而無所虧焉則向之所謂欲動情勝利害相攻者於此乎定矣然靜者誠之復而性之貞也苟非此心寂然無欲而靜則亦何以酬酢事物之變而一天下之動哉故聖人中正仁義動靜周流而其動也必主乎靜此其所以成位乎中而天地日月

四時鬼神有所不能違也蓋必體立而後用有以行若程子論乾坤動靜而曰不專一則不能直遂不翕聚則不能發散亦此意爾

君子修之吉小人悖之凶

聖人太極之全體一動一靜無適而非中正仁義之極蓋不假修爲而自然也未至此而修之君子之所以吉也不知此而悖之小人之所以凶也修之悖之亦在乎敬肆之間而已矣敬則欲寡而理明寡之又寡以至於無則靜虛動直而聖可學矣

故曰立天之道曰陰與陽立地之道曰柔與剛立人

之道曰仁與義又曰原始反終故知生死之說陰陽成象天道之所以立也剛柔成質地道之所以立也仁義成德人道之所以立也道一而已隨事著見故有三才之别而於其中又各有體用之分焉其實則一太極也陽也剛也仁也物之始也陰也柔也義也物之終也能原其始而知所以生則反其終而知所以死矣此天地之間綱紀造化流行古今不言之妙聖人作易其大意蓋不出此故引之以證其說

大哉易也斯其至矣

易之爲書廣大悉備然語其至極則此圖盡之其指豈不深哉抑嘗聞之程子昆弟之學於周子也周子手是圖以授之程子之言性與天道多出於此然卒未嘗明以此圖示人是則必有微意焉學者亦不可以不知也

朱子曰此所謂無極而太極也所以動而陽靜而陰之本體也然非有以離乎陰陽也即陰陽而指其本體不離乎陰陽而爲言爾◎此○之動而陽靜而陰也中○者其本體也◎者陽之動也○之用所以行也◎者陰之靜也○之體所以立也◎

者☾之根也〈者☽之根也此陽變陰合而生水火木金土也⟍者陽之變也⟋者陰之合也㊌陰盛故居右㊋陽盛故居左㊍陽穉故次火㊎陰穉故次水㊏沖氣故居中而水火之乂交系乎上陰根陽陽根陰也水而木木而火火而土土而金金而復水如環無端五氣布四時行也○五行一陰陽五殊二實無餘欠也陰陽一太極精粗本末無彼此也太極本無極上天之載無聲臭也五行之生各一其性氣殊質異各一其○無假借也此無極二五所以妙合而無間也○乾男

坤女以氣化者言也各一其性而男女一太極也○萬物化生以形化者言也各一其性而萬物一太極也惟人也得其秀而最靈則所謂人○者於是乎在矣然形☽之爲也神☾之發也五性

之德也善惡男女之分也萬事萬物之象也此天下之動所以紛紜交錯而吉凶悔吝所由以生也惟聖人者又得夫秀之精一而有以全乎○之體用者也是以一動一靜各臻其極而天下之故常感通乎寂然不動之中蓋中也仁也感也所謂☾也○之用所以行也正也義也寂也所謂☽也○

之體所以立也中正仁義渾然全體而靜者常爲主焉則人○於是乎立而○◎天地日月四時鬼神有所不能違矣君子之戒謹恐懼所以修此而吉也小人之放辟邪侈所以悖此而凶也天地人之道各一○也陽也剛也仁也所謂◐也物之始也陰也柔也義也所謂◑也物之終也此所謂易也而三極之道立焉實則一○也故曰易有太極◎之謂也

通書

誠上第一章

誠者聖人之本

誠者至實而無妄之謂天所賦物所受之正理也人皆有之而聖人之所以聖者無他焉以其獨能全此而已此書與太極圖相表裏誠即所謂太極也

大哉乾元萬物資始誠之源也

此上二句引易以明之乾者純陽之卦其義爲健乃天德之别名也元始也資取也言乾道之元萬物所取以爲始者乃實理流出以賦於人之本如水之有源即圖之陽動也

乾道變化各正性命誠斯立焉

此上二句亦易文天所賦爲命物所受爲性言乾道變化而萬物各得受其所賦之正則實理於是而各爲一物之主矣即圖之陰靜也

純粹至善者也

純不雜也粹無疵也此言天之所賦物之所受皆實理之本然無不善之雜也

故曰一陰一陽之謂道繼之者善也成之者性也

此亦易文陰陽氣也形而下者也所以一陰一陽者理也形而上者也道即理之謂也繼之者氣之

方出而未有所成之謂也善則理之方行而未有所立之名也陽之屬也誠之源也成則物之已成性則理之已立者也陰之屬也誠之立也

元亨誠之通利貞誠之復

元始亨通利遂貞正乾之四德也通者方出而賦於物善之繼也復者各得而藏於已性之成也此於圖已爲五行之性矣

大哉易也性命之源乎

易者交錯代換之名卦爻之立由是而已天地之間陰陽交錯而實理流行一賦一受於其中亦猶

是也

誠下第二章

聖誠而已矣

聖人之所以聖不過全此實理而已即所謂太極者也

誠五常之本百行之源也

五常仁義禮智信五行之性也百行孝悌忠順之屬萬物之象也實理全則五常不虧而百行修矣

靜無而動有至正而明達也

方靜而陰誠固未嘗無也以其未形而謂之無爾

及動而陽誠非至此而後有也以其可見而謂之有爾靜無則至正而已動有然後明與達者可見也

五常百行非誠非也邪暗塞也

非誠則五常百行皆無其實所謂不誠無物者也靜而不正故邪動而不明不達故暗且塞

故誠則無事矣

誠則衆理自然無一不備不待思勉而從容中道矣

至易而行難

實理自然故易人僞奪之故難

果而確無難焉

果者陽之決確者陰之守決之勇守之固則人僞不能奪之矣

故曰一日克己復禮天下歸仁焉

克去己私復由天理天下之至難也然其機可一日而決其效至於天下歸仁果確之無難如此

誠幾德第三章

誠無爲

實理自然何爲之有卽太極也

幾善惡

幾者動之微善惡之所由分也蓋動於人心之微則天理固當發見而人欲亦已萌乎其間矣此陰陽之象也

德愛曰仁宜曰義理曰禮通曰智守曰信

道之得於心者謂之德其别有是五者之用而因以名其體焉即五行之性也

性焉安焉之謂聖

性者獨得於天安者本全於己聖者大而化之之稱此不待學問勉强而誠無不立幾無不明德無

不備者也

復焉執焉之謂賢

復者反而致之執者保而持之賢者才德過人之稱此思誠研幾以成其德而有以守之者也

發微不可見充周不可窮之謂神

發之微妙而不可見充之周徧而不可窮則聖人之妙用而不可知者也

聖第四章

寂然不動者誠也感而遂通者神也動而未形有無之間者幾也

本然而未發者實理之體善應而不測者實理之用動靜體用之間介然有頃之際則實理發見之端而衆事吉凶之兆也

誠精故明神應故妙幾微故幽

淸明在躬志氣如神精而明也不疾而速不行而至應而妙也理雖已萌事則未著微而幽也

誠神幾曰聖人

性焉安焉則精明應妙而有以洞其幽微矣

愼動第五章

動而正曰道

動之所以正以其合乎衆所共由之道也

用而和曰德

用之所以和以其得道於身而無所待於外也

匪仁匪義匪禮匪智匪信悉邪也

所謂道者五常而已非此則其動也邪矣

邪動辱也甚焉害也

無得於道則其用不和矣

故君子慎動

動必以正則和在其中矣

道第十六章

聖人之道仁義中正而已矣

中卽禮正卽智圖解備矣

守之貴

天德在我何貴如之

行之利

順理而行何往不利

廓之配天地

充其本然並立之全體而已矣

豈不易簡豈爲難知

道體本然故易簡人所固有故易知

不守不行不廓爾

言爲之則是而嘆學者自失其幾也

師第七章

或問曰曷爲天下善曰師曰何謂也曰性者剛柔善惡中而已矣

此所謂性以氣稟而言也

不達曰剛善爲義爲直爲斷爲嚴毅爲幹固惡爲猛爲隘爲彊梁柔善爲慈爲順爲巽惡爲懦弱爲無斷爲邪佞

剛柔固陰陽之大分而其中又各有陰陽以爲善

惡之分焉惡者固爲非正而善者亦未必皆得乎

中也

惟中也者和也中節也天下之達道也聖人之事也

此以得性之正而言也然其以和爲中與中庸不

合蓋就已發無過不及者而言之如書所謂允執

厥中者也

故聖人立教俾人自易其惡自至其中而止矣

易其惡則剛柔皆善有嚴毅慈順之德而無彊梁

懦弱之病矣至其中則其或爲嚴毅或爲慈順也

又皆中節而無太過不及之偏矣

故先覺覺後覺覺闇者求於明而師道立矣
師者所以攻人之惡正人之不正而已矣
師道立則善人多善人多則朝廷正而天下治矣
此所以爲天下善也○此章所言剛柔卽易之兩
儀各加善惡卽易之四象易又加倍以爲八卦而
此書及圖則止於四象以爲火水金木而卽其中
以爲土蓋道體則一而人之所見詳畧不同但於
本體不差則並行而不悖矣

幸第八章

人之生不幸不聞過大不幸無耻

不聞過人不告也無耻耻我不仁也
必有耻則可教聞過則可賢
有耻則能發憤而受教聞過則知所改而爲賢然
不可教則雖聞過而未必能改矣以此見無耻之
不幸爲尤大也

思第九章

洪範曰思曰睿睿作聖
睿通也
無思本也思通用也幾動於彼誠動於此無思而無
不通爲聖人

無思誠也思通神也所謂誠神幾曰聖人也

不思則不能通微不睿則不能無不通是則無不通生於通微通微生於思

通微睿也無不通聖也

故思者聖功之本而吉凶之機也

思之至可以作聖而無不通其次亦可以見幾通微而不陷於凶咎

易曰君子見幾而作不俟終日

睿也

又曰知幾其神乎

聖也

志學第十章

聖希天賢希聖士希賢

希望也字本作睎

伊尹顏淵大賢也伊尹耻其君不爲堯舜一夫不得其所若撻於市顏淵不遷怒不貳過三月不違仁

說見書及論語皆賢人之事也

志伊尹之所志學顏子之所學

此言士希賢也

過則聖及則賢不及則亦不失於令名

三者隨其用力之淺深以爲所至之近遠不失令
名以其有爲善之實也○胡氏曰周子患人以發
策決科榮身肥家希世取寵爲事也故曰志伊尹
之所志患人以廣聞見工文詞矜智能慕空寂爲
事也故曰學顏子之所學人能志此志而學此學
則知此書之包括至大而其用無窮矣

順化第十一章

天以陽生萬物以陰成萬物生仁也成義也
陰陽以氣言仁義以道言詳已見圖解矣
故聖人在上以仁育萬物以義正萬民

所謂定之以仁義

天道行而萬物順聖德修而萬民化大順大化不見其迹莫知其然之謂神

天地聖人其道一也

故天下之衆本在一人人道豈遠乎哉術豈多乎哉

天下之本在君君之本在心心之術在仁義

治第十二章

十室之邑人人提耳而教且不及況天下之廣兆民之衆哉曰純其心而巳矣

純者不雜之謂心謂人君之心

仁義禮智四者動靜言貌視聽無違之謂純

仁義禮智五行之德也動靜陰陽之用而言貌視聽五行之事也德不言信事不言思者欲其不違則固以思爲主而必求是四者之實矣

心純則賢才輔

君取人以身臣道合而從也

賢才輔則天下治

衆賢各任其職則不待人人提耳而教矣

純心要矣用賢急焉

心不純則不能用賢不用賢則無以宣化

禮樂第十三章

禮理也樂和也

禮陰也樂陽也

陰陽理而後和君君臣臣父父子子兄兄弟弟夫夫婦婦萬物各得其理然後和故禮先而後樂

此定之以中正仁義而主靜之意程子論敬則自然和樂亦此理也學者不知持敬而務爲和樂鮮不流於慢者

務實第十四章

實勝善也名勝耻也故君子進德修業孶孶不息務

實勝也德業有未著則恐恐然畏人知遠恥也小人
則僞而已故君子日休小人日憂
實修而無名勝之恥故休名勝而無實修之善故
憂

愛敬第十五章

有善不及
設問人或有善而我不能及則如之何
曰不及則學焉
答言當學其善而已
問曰有不善

問人有不善則何以處之

曰不善則告之以不善且勸曰庶幾有改乎斯爲君子

答言人有不善則告之以不善而勸其改告之者恐其不知此事之爲不善也勸之者恐其不知不善之可改而爲善也

有善一不善二一則學其一而勸其二

亦答詞也言人有善惡之雜則學其善而勸其惡

有語曰斯人有是之不善非大惡也則曰孰無過焉知其不能改改則爲君子矣不改爲惡惡者天惡之

彼豈無畏邪烏知其不能改

亦答言聞人有過雖不得見而告勸之亦當答以此冀其或聞而自改也有心悖理謂之惡無失理謂之過

故君子悉有衆善無弗愛且敬焉

善無不學故悉有衆善惡無不勸故不棄一人於惡不棄一人於惡則無所不用其愛敬矣

動靜第十六章

動而無靜靜而無動物也

有形則滯於一偏

動而無動靜而無靜神也

神則不離於形而不囿於形矣

動而無動靜而無靜非不動不靜也

動中有靜靜中有動

物則不通神妙萬物

結上文起下意

水陰根陽火陽根陰

水陰也而生於一則本乎陽也火陽也而生於二

則本乎陰也所謂神妙萬物者如此

五行陰陽陰陽太極

此即所謂五行一陰陽陰陽一太極者以神妙萬物之體而言也

四時運行萬物終始

此即所謂五氣順布四時行焉無極二五妙合而凝者以神妙萬物之用而言也

混兮闢兮其無窮兮

體本則一故曰混用散而殊故曰闢一動一靜其運如循環之無窮此兼舉其體用而言也◎此章發明圖意更宜參考

樂上第十七章

古者聖王制禮法修教化三綱正九疇敘百姓太和萬物咸若

綱網上大繩也三綱者夫爲妻綱父爲子綱君爲臣綱也疇類也九疇見洪範若順也此所謂理而後和也

乃作樂以宣八風之氣以平天下之情

八音以宣八方之風見國語宣所以達其理之分平所以節其和之流

故樂聲淡而不傷和而不淫入其耳感其心莫不淡且和焉淡則欲心平和則躁心釋

淡者理之發和者和之爲先淡後和亦主靜之意
也然古聖賢之論樂曰和而已此所謂淡蓋以今
樂形之而後見其本於莊正齊肅之意爾
優柔平中德之盛也天下化中治之至也是謂道配
天地古之極也
欲心平故平中躁心釋故優柔言聖人作樂功化
之盛如此或云化中當作化成
後世禮法不修政刑苛紊縱欲敗度下民困苦謂古
樂不足聽也代變新聲妖淫愁怨導欲增悲不能自
止故有賊君棄父輕生敗倫不可禁者矣

廢禮敗度故其聲不淡而妖淫政苛民困故其聲

不和而愁怨妖淫故導欲而至於輕生敗倫愁怨

故增悲而至於賊君棄父

嗚呼樂者古以平心今以助欲古以宣化今以長怨

古今之異淡與不淡和與不和而已

不復古禮不變今樂而欲至治者遠矣

復古禮然後可以變今樂

樂中第十八章

樂者本乎政也政善民安則天下之心和故聖人作

樂以宣暢其和心達于天地天地之氣感而太和焉

天地和則萬物順故神祇格鳥獸馴

聖人之樂既非無因而強作而其制作之妙又能眞得其聲氣之元故其志氣天人交相感動而其效至此

樂下第十九章

樂聲淡則聽心平樂辭善則歌者慕故風移而俗易矣妖聲豔辭之化也亦然

聖學第二十章

聖可學乎曰可曰有要乎曰有請聞焉曰一爲要一者無欲也無欲則靜虛動直靜虛則明明則通動直

則公公則溥明通公溥庶矣乎

此章之指最爲切要然其辭義明白不煩訓解學者能深玩而力行之則有以知無極之眞兩儀四象之本皆不外乎此心而日用間自無別用力處矣

公明第二十一章

公於己者公於人未有不公於己而能公於人也

此爲不勝己私而欲任法以裁物者發

明不至則疑生明無疑也謂能疑爲明何啻千里

此爲不能先覺而欲以逆詐億不信爲明者發然

明與疑正相南北何啻千里之不相及乎

理性命第二十二章

厥彰厥微匪靈弗瑩

此言理也陽明陰晦非人心太極之至靈孰能明之

剛善剛惡柔亦如之中焉止矣

此言性也說見第七篇即五行之理也

二氣五行化生萬物五殊二實二本則一是萬爲一

一實萬分萬一各正小大有定

此言命也二氣五行天之所以賦受萬物而生之

者也自其末以緣本則五行之異本二氣之實二氣之實又本一理之極是合萬物而言之爲一太極而已也自其本而之末則一理之實而萬物分之以爲體故萬物之中各有一太極而小大之物莫不各有一定之分也○此章與十六章意同

顏子第二十三章

顏子一簞食一瓢飲在陋巷人不堪其憂而不改其樂

說見論語

夫富貴人所愛也顏子不愛不求而樂乎貧者獨何

心哉

設問以發其端

天地間有至貴至愛可求而異乎彼者見其大而忘其小焉爾

至愛之間當有富可二字所謂至貴至富可愛可求者即周子之教程子每令尋仲尼顏子樂處所樂何事者也然學者當深思而實體之不可但以言語解會而已

見其大則心泰心泰則無不足無不足則富貴貧賤處之一也處之一則能化而齊故顏子亞聖

齊字意復恐或有悞或曰化大而化也亞齊於聖
也亞則將齊而未至之名也

師友上第二十四章

天地閒至尊者道至貴者德而已矣至難得者人人
而至難得者道德有於身而已矣

此畧承上章之意其理雖明然人心蔽於物欲鮮
克知之故周子每言之詳焉

求人至難得者有於身非師友則不可得也已

是以君子必隆師而親友

師友下第二十五章

道義者身有之則貴且尊

周子於此一意而屢言之非復出也其丁寧之意切矣

人生而蒙長無師友則愚是道義由師友有之

此處恐更有由師友字屬下句

而得貴且尊其義不亦重乎其聚不亦樂乎

此重此樂人亦少知之者

過第二十六章

仲由喜聞過令名無窮焉今人有過不喜人規如護疾而忌醫寧滅其身而無悟也噫

勢第二十七章

天下勢而已矣勢輕重也

一輕一重則勢必趨於重而輕愈輕重愈重矣

極重不可反識其重而亟反之可也

重未極而識之則猶可反也

反之力也識不早力不易也

反之在於人力而力之難易又在識之早晚

力而不競天也不識不力人也

不識則不知用力不力則雖識無補

天乎人也何尤

問勢之不可反者果天之所爲乎若非天而由於人之所爲則亦無所歸罪矣

文辭第二十八章

文所以載道也輪轅飾而人弗庸徒飾也況虛車乎

文所以載道猶車所以載物故爲車者必飾其輪轅爲文者必善其詞說皆欲人之愛而用之然我飾之而人不用則猶爲虛飾而無益於實況不載物之車不載道之文雖美其飾亦何所爲乎

文辭藝也道德實也篤其實而藝者書之美則愛愛則傳焉賢者得以學而至之是爲教故曰言之無文

行之不遠

此猶車載物而輪轅飾也

然不賢者雖父兄臨之師保勉之不學也强之不從也

此猶車已飾而人不用也

不知務道德而第以文辭爲能者藝焉而已噫弊也久矣

此猶車不載物而徒美其飾也○或疑有德者必有言則不待藝而後其文可傳矣周子此章似猶別以文辭爲一事而用力焉何也曰人之才德偏

有長短其或意中了了而言不足以發之則亦不能傳於遠矣故孔子曰辭達而已矣程子亦言西銘吾得其意但無子厚筆力不能作爾正謂此也然言或可少而德不可無有德而有言者常多有德而不能言者常少學者先務亦勉於德而已矣

聖蘊第二十九章

不憤不啓不悱不發舉一隅不以三隅反則不復也

說見論語言聖人之教必當其可而不輕發也

子曰予欲無言天何言哉四時行焉百物生焉

說亦見論語言聖人之道有不待言而顯者故其

言如此

然則聖人之蘊微顏子殆不可見發聖人之蘊教萬世無竆者顏子也聖同天不亦深乎

蘊中所畜之名也仲尼無迹顏子微有迹故孔子之教既不輕發又未嘗自言其道之蘊而學者唯顏子爲得其全故因其進修之迹而後孔子之蘊可見猶天不言而四時行百物生也

常人有一聞知恐人不速知其有也急人知而名也薄亦甚矣

聖凡異品高下懸絶有不待較而明者其言此者

正以深厚之極警夫淺薄之尤爾然於聖人言深常人言薄者深則厚淺則薄上言首下言尾互文以明之也

精蘊第三十章

聖人之精畫卦以示聖人之蘊因卦以發卦不畫聖人之精不可得而見微卦聖人之蘊殆不可悉得而聞

精者精微之意畫前之易至約之理也伏羲畫卦專以明此而已蘊謂凡卦中之所有如吉凶消長之理進退存亡之道至廣之業也有卦則因以形

矣

易何止五經之源其天地鬼神之奧乎
陰陽有自然之變卦畫有自然之體此易之爲書
所以爲文字之祖義理之宗也然不止此蓋凡管
於陰陽者雖天地之大鬼神之幽其理莫不具於
卦畫之中焉此聖人之精蘊所以必於此而寄之
也

乾損益動第三十一章

君子乾乾不息於誠然必懲忿窒欲遷善改過而後
至乾之用其善是損益之大莫是過聖人之旨深哉

此以乾卦爻詞損益大象發明思誠之方益乾乾不息者體也去惡進善者用也無體則用無以行無用則體無所措故以三卦合而言之或曰其字亦是莫字

吉凶悔吝生乎動噫吉一而已動可不慎乎

四者一善而三惡故人之所值福常少而禍常多不可不謹◯此章論易所謂聖人之藴

家人睽復无妄第三十二章

治天下有本身之謂也治天下有則家之謂也

則謂物之可視以爲法者猶俗言則例則樣也

本必端端本誠心而已矣則必善善則和親而已矣心不誠則身不可正親不和則家不可齊家難而天下易家親而天下踈也親者難處踈者易裁然不先其難亦未有能其易者

家人離必起於婦人故睽次家人以二女同居而志不同行也

睽次家人易卦之序二女以下睽彖傳文二女謂睽卦兌下離上兌少女離中女也陰柔之性外和悅而內猜嫌故同居而異志

堯所以釐降二女于嬀汭舜可禪乎吾茲試矣

釐理也降下也嬀水名汭水北舜所居也堯理治下嫁二女舜將以試舜而授之天下也

是治天下觀于家治家觀身而已矣身端心誠之謂也誠心復其不善之動而已矣

不善之動息於外則善心之生於内者無不實矣

不善之動妄也妄復則无妄矣无妄則誠矣

程子曰无妄之謂誠

故无妄次復而曰先王以茂對時育萬物深哉

无妄次復亦卦之序先王以下引无妄卦大象以

明對時育物唯至誠者能之而贊其旨之深也○

此章發明四卦亦皆所謂聖人之蘊

富貴第三十三章

君子以道充爲貴身安爲富故常泰無不足而銖視軒冕塵視金玉其重無加焉爾

此理易明而屢言之欲人有以真知道義之重而不爲外物所移也

陋第三十四章

聖人之道入乎耳存乎心蘊之爲德行行之爲事業彼以文辭而已者陋矣

意同上章欲人眞知道德之重而不溺於文辭之陋也

擬議第三十五章

至誠則動動則變變則化故曰擬之而後言議之而後動擬議以成其變化

中庸易大傳所指不同今合而言之未詳其義或曰至誠者實理之自然擬議者所以誠之之事也

刑第三十六章

天以春生萬物止之以秋物之生也既成矣不止則過焉故得秋以成聖人之法天以政養萬民肅之以

刑民之盛也欲動情動利害相攻不止則賊滅無倫焉故得刑以治

意與十一章略同

情僞微曖其變千狀苟非中正明達果斷者不能治也訟卦曰利見大人以剛得中也噬嗑曰利用獄以動而明也

中正本也明斷用也然非明則斷無以施非斷則明無所用二者又自有先後七訟之中兼乎正噬嗑之明兼乎達訟之剛噬嗑之動卽果斷之謂也

嗚呼天下之廣主刑者民之司命也任用可不愼乎

公第三十七章

聖人之道至公而已矣或曰何謂也曰天地至公而已矣

孔子上第三十八章

春秋正王道明大法也孔子爲後世王者而修也亂臣賊子誅死者於前所以懼生者於後也宜乎萬世無窮王祀夫子報德報功之無盡也

孔子下第三十九章

道德高厚教化無窮實與天地參而四時同其惟孔子乎

道高如天者陽也德厚如地者陰也教化無窮如四時者五行也孔子其太極乎

蒙艮第四十章

童蒙求我我正果行如筮焉筮叩神也再三則瀆矣瀆則不告也

此通下三節雜引蒙卦象象而釋其義童稚也蒙暗也我謂師也筮揲蓍以決吉凶也言童蒙之人來求於我我以發其蒙而我以正道果決彼之所行如筮者叩神以決疑而神告之吉凶以果決其所行也叩神求師專一則明如初筮則告二三則惑

故神不告以吉凶師亦不當决其所行也
山下出泉靜而清也汩則亂亂不决也
山下出泉大象文山靜泉清有以全其未發之善
故其行可果汩再三也亂瀆也不决不告也蓋汩
則不靜亂則不清旣不能保其未發之善則告之
不足以果其所行而反滋其惑不如不告之爲愈
也
愼哉其惟時中乎
時中者彖傳文教當其可之謂也初則告瀆則不
告靜而清則决之汩而亂則不决皆時中也

艮其背背非見也靜則止止非爲也爲不止矣其道也深乎

此一節引艮卦之象而釋之艮止也背非有見之地也艮其背者止於不見之地也止於不見之地則靜靜則止而無爲一有爲之之心則非止之道矣◎此章發明二卦皆所謂聖人之藴而主靜之意也

附錄

太極圖通書總序 乾道己丑　朱熹

右周子之書一編今春陵零陵九江皆有本而互有同異長沙本最後出乃熹所編定視他本最詳密矣然猶有所未盡也蓋先生之學其妙具於太極一圖通書之指皆發此圖之藴而程先生兄弟語及性命之際亦未嘗不因其說觀通書之誠動靜理性命等章及程氏之書李仲通銘程郡公誌顏子好學論等篇則可見矣故潘清逸誌先生之墓敘所著書特以作太極圖爲稱首然則此圖當

爲書首不疑也然先生既手以授二程本因附書後（祁寬居之云）傳者見其如此遂誤以圖爲書之卒章不復釐正使先生立象盡意之微旨暗而不明而驟讀通書者亦復不知有所總攝此則諸本皆失之而長沙通書因胡氏所傳篇章非復本次又削去分章之目而别以周子曰加之於書之大義雖若無害然要非先生之舊亦有去其目而遂不可曉者（如理性命章之類）又諸本附載銘碣詩文事多重復亦或不能有發明於先生之道以幸學者故今特據潘誌置圖篇端以爲先生之精意則可以通乎

書之說矣至於書之分章定次亦皆復其舊貫而取公及蒲左丞孔司封黃太史所記先生行事之實刪去重復合為一篇以便觀者蓋世所傳先生之書言行具此矣潘公所謂易通疑即通書而易說獨不可見向見友人多蓄異書自謂有傳本亟取而觀焉則淺陋可笑皆舍去時舉子綴葺緒餘與圖說通書絕不相似不問可知其僞獨不知世復有能得其眞者與否以圖書推之知其所發當極精要微言湮沒甚可惜也熹又嘗讀朱內翰震進易說表謂此圖之傳自陳摶种放穆修而來而

五峰胡公仁仲作通書序又謂先生非止爲种穆之學者此特其學之一師耳非其至者也夫以先生之學之妙不出此圖以爲得之於人則决非种穆所及以爲非其至者則先生之學又何以加於此圖哉是以竊嘗疑之及得誌文考之然後知果先生之所自作而非有所受於人者公蓋皆未見此誌而云云耳人有眞能立伊尹之志修顏子之學則知此書之言包括至大而聖門之事業無窮矣

太極圖解序　張栻

二程先生道學之傳發於濂溪周子而太極圖乃濂溪自得之妙蓋以手授二程先生者或曰濂溪傳太極圖於穆修修之學出於陳摶豈其然乎此非諸子所得而知也其言約其意微自孟氏以來未之有也通書之說大抵皆發明此意故其首章曰誠者聖人之說大哉乾元萬物資始誠之源也乾道變化各正性命誠斯立焉夫曰聖人之本誠之源者蓋深明萬化之一源也以見聖人之精蘊此即易之所謂密中庸之所謂無聲無臭者也至於乾道變化各正性命則是本體之流行發見者

故曰誠斯立焉其篇云五行陰陽太極四時運行萬物終始混兮闢兮其無窮兮道學之傳實在乎此愚不敏輒舉大端與朋友共識焉雖然太極豈可以圖傳也先生之意特假圖以立義使學者默會其旨歸要當得之言意之表可也不然而謂可以方所求之哉

太極圖解後序　張栻

或曰太極圖周先生手授二程先生者也今二程先生之所講論答問之見於遺書者大略可睹獨未及此圖何耶以為未可遽示則聖人之微辭見

於中庸易繫者先生固多所發明矣而何獨秘於此耶栻應之曰二程先生雖不及此圖然其說固多本之矣試詳攷之當自可見學者誠能從事於敬眞積力久則夫動靜之幾將深有感於隱微之間而是圖之妙可以嘿得於胷中不然縱使辯說之詳猶爲無益也噫乎先生誠通誠復之論其至矣乎聖人與天地同用通而復復而通中庸以喜怒哀樂未發已發言之又就人身上推尋至於見得大本達道處又衮同只是此理此理就人身上推尋若不於未發已發處看即何緣知之蓋就天

地之本源與人物上推來不得不異此所以於動而生陽難爲以喜怒哀樂已發言之在天地只是理也今欲作兩節看切恐差了復卦見天地之心先儒以爲靜見天地之心伊川先生以爲動乃見此恐便是動而生陽之理然於復卦發出此一段示人又於初爻以顏子不遠復爲之此只要示人無間斷之意人與天地一也就此理上皆收拾來與天地合其德與日月合其明與四時合其序與鬼神合其吉凶皆其度內爾

通書後跋

張栻

濂溪周先生通書友人朱熹元晦以太極圖列于篇首而題之曰太極通書栻刻于嚴陵學宫以示多士嗟乎自聖學不明語道者不睹夫大全卑則割裂而無統高則汗漫而不精是以性命之説不參乎事物之際而經世之務僅出乎私意小智之爲豈不可歎哉惟先生生乎千有餘載之後超然獨得夫大易之傳所謂太極圖乃其綱領也推明動靜之一源以見生化之不窮天命流行之體無乎不在文理密察本末該貫非闡微極幽莫能識其指歸也然而學者若之何而可以進於是哉亦

曰敬而已矣誠能起居食息主一而不舍則其德性之知必有卓然不可掩於體察之際者而後先生之蘊可得而窮太極可得而識矣

無極而太極辯　　程　順

極之得名以屋之脊棟爲一屋之中居高處蓋爲衆木之總會四方之尊仰而舉一屋之木莫能加焉故極之義雖訓爲至而實則以有方所形狀而指名也如北極皇極爾極民極之類皆取諸此然皆以物之有方所形狀適似於極而具極之義故以極名之以物喻物蓋無難曉惟大傳以易之至理在易之中爲衆理之總會萬化之本原而舉天下之理莫能加焉其義莫可得名而有類於極於是取極名之而係以太則其尊而無對又非他極

之比也然則太極者特假是物以名是理雖因其有方所形狀以名而非有方所形狀之可求雖與他書所用極字取義畧同而以實喻虛以有喻無所喻在於言外其意則異周子有見於此恐夫人以他書閑字之例求之則或未免滯於方所形狀而失聖人取喻之意故爲之言曰無極而太極蓋其指辭之法猶曰無形而至形無方而大方欲人知夫非有是極而謂之太極亦特托於極以明理耳又曰太極本無極也蓋謂之極則有方所形狀矣故又反及而言之謂無極云耳本非有極之實欲

人不以方所形狀求而當以意會於此其反覆推本聖人所以言太極之意最爲明白後之讀者字義不明而以中訓極已爲失之然又不知極字但爲取喻而遽以理言故不惟理不可無於周子無極之語有所難通且太極之爲至理其辭已足而加以無極則誠似於贅者矣因見象山語無極書正應不能察此而輙肆於麄辯爲之切嘆故著其說如此云

五行說

五行之序以質之所生而言則水本是陽之濕氣

以其初動爲陰陰所掐而不得遂故水陰勝火本是陰之燥氣以其初動爲陽陽所揜而不得達故火陽勝蓋生之者微成之者盛生之者形之始成之者形之終也然各以偏勝也故雖有形而未成質以氣升降土不得而制焉木則陽之濕氣浸多以感於陰而舒故發而爲木其質柔其性煖金則陰之燥氣浸多以感於陽而縮故結而爲金其質剛其性寒土則陰陽之氣各盛相交相搏凝而成質以氣之行而言則一陰一陽往來相代木火金水云者各就其中而分老少耳故其序各由少而老土

則分旺四季而位居中者也此五者序若叅差而造化所以爲發育之具實竝行而不相悖蓋質則陰陽交錯凝合而成氣則陰陽兩端循環不已質曰水火木金蓋以陰陽相間言猶曰東西南北所謂對代者也氣曰木火金水蓋以陰陽相因言猶曰東南西北所謂流行者也質雖一定而不易氣則變化而無窮所謂易也

通書序畧

胡宏

通書四十章周子之所述也周子名惇頤字茂叔春陵人推其道學所自或曰傳太極圖於穆修也

傳先天圖於种放放傳於陳摶此殆其學之一師歟非其至者也希夷先生有天下之願而卒與鳳歌荷蓧長往不來者伍於聖人無可無不可之道亦似有未至者程明道先生嘗謂門弟子曰昔受學於周子令尋仲尼顏子所樂者何事而明道先生自再見周子吟風弄月以歸道學之士皆謂程顥氏續孟子不傳之學則周子豈特爲种穆之學而止者哉粤若稽古孔子述三五之道立百王經世之法孟軻氏闢楊墨推明孔子之澤以爲萬世不斬人謂孟氏功不在禹下今周子啓程氏兄弟

以不傳之妙一回萬古之光明如日麗天將爲百
世之利澤如水行地其功蓋在孔孟之間矣人見
其書之約也而不知其道之大也見其文之質也
而不知其義之精也見其言之淡也而不知其味
之長也顧愚何足以知之然服膺有年矣試舉一
二語爲同志者起予之益乎患人以發策決科榮
身肥家希世取寵爲事也則曰志伊尹之所志患
人以知識聞見爲得而自畫不待價而自沽也則
曰學顏子之所學人有眞能立伊尹之志修顏子
之學者然後知通書之言包括至大而聖門之事

業無窮矣故此一卷書皆發端以示人者宜其度越諸子直與易書詩春秋語孟同流行乎天下是以叙而藏之遇天下之善士又尚論前修而欲讀其書者則傳焉

書太極圖解後　　度正

正始讀先生所釋太極圖說莫得其義然時時覽而思之不敢廢其後十有餘年讀之既久然後始知所謂上之一圈者太極本然之妙也及其動靜既分陰陽既形而其所謂上之一圈者常在乎其中蓋本然之妙未始相離也至於陰陽變合而生

五行水火木金土各具一圖者所謂分而言之一物一太極也水而木木而火火而土土而金金復會於一圈者所謂合而言之五行一太極也然其括五行之合也總水火木金而不及土者蓋土行四氣舉是四者以該之兩儀生四象之義也其下之一圈爲乾男坤女者所謂男女一太極也又其下之一圈爲萬物化生者所謂萬物一太極也以見太極之妙流行於天地之間者無乎不在而無物不然也然太極本然之妙初無方所之可名無聲臭之可議學者之求之其將何以求之哉亦求之

此心而已矣學者誠能自識其心反而求之日用之間則將有可得而言者夫寂然不動喜怒哀樂之未發者此心之體而太極本然之妙於是乎在也感而遂通喜怒哀樂之旣發者此心之用而太極本然之妙於是而流行也然以發者可見而未發者不可見已發者可聞而未發者不可聞學者於此深體而默識之因其可見以推其不可見因其可聞以推其不可聞庶乎融會貫通太極本然之妙可求而心極亦庶乎可立矣或者不知致察乎此而於所謂無極云者眞以爲無而以爲周子

立言之病失之遠矣先生嘗語正曰萬物生於五行五行生於陰陽陰陽生於太極其理至此而極正當時聞之心中釋然若有以見夫理之所以然名之所以立者先生又曰乾道成男坤道成女何也此程子所謂海上無人之境而人忽生乎其間者此天地生物之始禮家所謂感生之道也又曰生天生地成鬼成帝卽太極動靜生陰陽之義蓋先生晚年表裏洞然事理俱融凡諸子百家一言一行之合於道者亦無不察况聖門之要旨哉遂寧傳耆伯成未第時嘗從周子遊而接其議論先

生聞之嘗令正訪其子孫而求其遺文焉在吾鄉時傳嘗有書謝其所寄遇說其後在永州又有書謝其所寄改定同人說但傳之書稿無恙而周子之易說則不可復見耳聞之先生今之通書本名易通則六十四卦疑皆有其說今考其書獨有乾損益家人睽復無妄蒙艮等說而亦無所謂遇說同人說者則其書之散逸亦多矣可不惜哉夫太極者所以發明此心之妙用也通書者又所以發明太極之妙用也然其言辭之高深義理之微密有非後學可以驟而窺者今先生既已反復論辯

究極其說章逼句解無復可疑者其所以望於後之學者至矣正也輙不自量併以其聞之先生者附之于此學者其亦熟復而深味之哉

右正少時得明道伊川之書讀之始知推尊先生而先生仕吾鄉時已以文學聞於當世遂搜求其當時遺文石刻不可得又欲於架閣庫詩其書判行事而郡當兩江之會屢遭大水無復存者始仕遂寧聞其鄉前輩故朝議大夫知漢州傳耆曾從先生遊先生嘗以姤說及同人說寄之遂訪求之僅得其目錄及長慶集載先生遺事頗詳久之又

得其手書手謁二帖其後過桺歸得桺歸集之成都得李才元書臺集至嘉定得吕和叔淨德集來懷安又得蒲傳正清風集皆載先生遺事至於其他私記小說及先生當時事者皆纂而録之一日與今夔路運司帳幹楊齊賢相會成都時楊方草先生年譜且見囑以補其闕刋其誤楊先生之鄉士也操行甚高記覽亦極詳博意其所考訂必已精審忽而閱之其載先生來吾鄉歲月頗自差舛甚者以周恭叔事爲先生事又以程師孟逸行詩爲趙清獻詩於是屢欲執筆未暇也及來重慶官

事稍閒遂以平日之所聞者而爲此篇然其所載於先生入蜀本末爲最詳其他亦不能保其無所遺誤正往時嘗有志遍遊先生所遊之處以訪其遺言遺行今自以衰晚莫能遂其初志有志之士儻能垂意搜羅補而修之使無遺闕實區區之志也嗚呼天之未喪斯文也故其絶千有餘年而復續續之未久復又晦昧至近世復燦然大明小人之用事者自以爲不利於已盡力以抑絶之賴
天子聖明大明黜陟而斯文復興如日月之麗天人皆仰之有願學之志假令百世之下復有能沮

毀之者其何傷於日月乎其何傷於日月乎嘉定
十四年八月二十有九日後學山陽度正謹序

性善兄頃在成都夜讀通鑑其後常患目昏不能
多作字其編類濂溪家世年表蕃執筆從旁書之
書至買平紋紗衫材稗蒲綾袴段蕃曰不太苛細
否曰此固哲人細事如食人之精膾之細魚之餒
紺緅之飾紅紫之服當暑之絺綌鄉黨皆備書之
今讀之如生於千載之前同堂合席也豈可忽乎
蕃恐觀者之不達乎此故書之以示同志云嘉定
十四年九月二十有五日弟蕃百拜謹跋

張栻

按先生之書近歲以來其傳既益廣矣然皆不能無謬誤惟長沙建安板本爲庶幾焉而猶頗有所未盡也蓋先生之學之奥其可以象告者莫備於太極之一圖若通書之言蓋皆所以發明其藴而誠動靜理性命等章爲尤著程氏之書亦皆祖述其意而李仲通銘程邵公誌顏子好學論等篇乃或并其語而道之故清逸潘公誌先生之墓而序其所著之書特以作太極圖爲首稱而後乃以易說易通繫之其知此矣然諸本皆附於通書之後

而讀者遂誤以爲書之卒章使先生立象之微旨暗而不明驟而語夫通書者亦不知其綱領之在是也長沙本既未有所是正而通書乃因胡氏所定章次先後輙頗有所移易又刊去章目而別以周子曰加之皆非先生之舊若理性命章之類則一去其目而遂不可曉其所附見銘碣詩文視他本則詳矣然亦或不能有以發明於先生之道而徒爲重複故建安本特據潘誌置圖篇端而書之次序名章亦復其舊又即潘誌及蒲左丞孔司封黄太史所記先生行事之實刪去重複參互考訂

合爲事狀一篇至於道學之微有諸君子所不及知者則又一以程氏及其門人之言爲正以爲先生之書之言之行於此亦畧可見矣然後得臨汀楊方本以校而知其舛陋猶有未盡正者又得何君營道詩序及諸嘗遊舂陵者之言而知事狀所序濂溪命名之說有失其本意者覆校舊編而知筆削之際亦有當錄而誤遺之者又讀張忠定公語而知所論希夷种穆之傳亦有未盡其曲折者當欲別加是正以補其闕而病未能也茲乃被命假守南康遂獲嗣守先生之遺教於百有餘年之後

顧德弗類慚懼巳深瞻仰高山益切竊歎因取舊袠復加更定而附著其說如此鋟板學官以與同志之士共覽觀焉淳熙巳亥夏五月日

又（延平本）　前人

臨汀楊方得九江故家傳本校此本不同者十有九處然亦互有得失其兩條此本之誤當從九江本如理性命章云柔如之（當作柔亦如之）師友章（當自道義者以下折爲下章）其十四條義可兩通當並存之如誠幾德章云理曰禮（理一作履）慎動章云邪動（一作動邪）化章（一作順化）愛敬章云有善（此下一有是苟字）學焉（此下一有有字）曰有不善

一無此四字曰不善此下一有否字樂章云優柔平中平一作乎輕
生敗倫倫一作常聖學章云請聞焉聞一作問顏子章云獨
何心哉心一作以能化而齊齊一作濟一作消過章一作仲由刑章
云不止即過焉即一作則其三條九江本誤而當以此
本爲正如太極說云無極而大極而下誤多一生字誠章
云誠斯立焉立誤作生家人睽復無妄章云誠心復其
不善之動而已矣心誤作以凡十九條

又南康本

朱熹

右周子太極圖幷說一篇通書四十章世傳舊本
遺文九篇遺事十五條事狀一篇熹所集次皆以

校定可繕寫稾今附見于此學者得以考焉

宋濂溪周元公先生集卷之四

雜著　吳郡十七世孫與爵重輯

文類

養心亭說

孟子曰養心莫善於寡欲其爲人也寡欲雖有不存焉者寡矣其爲人也多欲雖有存焉者寡矣予謂養心不止於寡焉而存耳蓋寡焉以至於無無則誠立明通誠立賢也明通聖也是聖賢非性生必養心而致之養心之善有大焉如此存乎其人而巳張子宗範有行有文其居背山而面水山之

麓搆亭甚清淨予偶至而愛之因題曰養心既謝且求說故書以勉

愛蓮說

水陸草木之花可愛者甚蕃晉陶淵明獨愛菊自李唐來世人甚愛牡丹予獨愛蓮之出淤泥而不染濯清漣而不妖中通外直不蔓不枝香遠益清亭亭淨植可遠觀而不可褻翫焉予謂菊花之隱逸者也牡丹花之富貴者也蓮花之君子者也噫菊之愛陶之後鮮有聞蓮之愛同予者何人牡丹之愛宜乎衆矣

吉州彭推官詩序

惇實慶曆初爲洪州分寧縣主簿被外臺檄承乏袁州盧溪鎮市征之局局鮮事袁之進士多來講學於公齋因談及今朝江左律詩之工坐間誦吉州彭推官篇者六七其句字信乎能覷天巧而膾炙人口矣我聞分寧新邑宰上未踰月而才明之譽已飛數百里有謂惇實曰邑宰太博思永卽鄕所誦之詩推官之子也吉與袁鄰郡父兄輩皆識推官第爲善內樂殊忘官之高卑齒之壯老以至於沒其慶將發於是乎惇實故又知推官之德曁

還邑局聞推官之詩葢多亦能記誦不忘十五年而太博爲刑部郎中直史館益州路轉運使惇實自南昌知縣就移僉署巴州郡判官廳公事益梓鄰路也沂流赴局過渝州越三舍接巴州境閒有温泉佛寺艤舟遊覽忽覩榜詩乃推官之作喜豁讀訖錄本納于轉運 公 公復書重謝且曰願刻一石若蒙繼以短序尤荷厚意故序於詩後而命工刻石置寺之堂焉實嘉祐二年正月十五日云承奉郎守太子中舍僉署合州軍士判官廳公事周惇實撰

邵州遷學釋菜文

惟夫子道高德厚教化無窮實與天地參而四時同上自國都下及州縣通立廟貌州守縣令春秋釋奠雖天子之尊入廟肅恭行禮其重誠與天地參焉儒衣冠學道業者列室於廟朝夕目瞻睟容心慕至德幾與顏氏之子者有之得其位施其澤及生民者代有之然夫子之宫可忽歟而邵置於惡地掩於衙門左獄右庾穢喧歷年惇頤攝守州符嘗拜堂下惕汗流背起而議遷得地東南高明協卜用舊增新不日成就彩章冕服儼坐有序諸

生既集寧僚告成謹以禮幣藻蘋式陳明薦以兗
國公顏子配

維治平五年歲次戊申正月甲戌朔三日丙子朝
奉郎尚書駕部員外郎通判永州軍州兼管内勸
農事權發遣邵州軍州事上騎都尉賜緋魚袋周
惇頤敢昭告于先師兗國公顏子爰以遷修廟學
成恭修釋菜於先聖至聖文宣王惟子睿性通微
實幾於聖明誠道確夫子稱賢謹以禮幣藻蘋式
陳明獻從祀配神

拙賦

或謂予曰人謂予拙予曰巧竊所恥也且患世多巧者予喜而賦之曰巧者言拙者默巧者勞拙者逸巧者賊拙者德巧者凶拙者吉嗚呼天下拙刑政徹上安下順風清弊絶

詩類

題門扉

有風還自掩無事晝常關開闔從方便乾坤在此間

題濂溪書堂

元子溪曰濂詩傳到于今此俗良易化不欺顧相

欽廬山我久愛買田山之陰田間有清水清泚出
山心山心無塵土白石磷磷沉潺湲來數里到此
始澄深有龍不可測岸木寒森森書堂搆其上隱
几看雲岑倚梧或欹枕風月盈中襟或吟或冥默
或酒或鳴琴數十黃卷軸賢聖談無音窗前即疇
囿囿外桑麻林芋蔬可卒歲絹布足衣衾飽煖大
富貴康寧無價金吾樂蓋易足名濂朝暮箴元子
與周子相邀風月尋

書窗夜雨

秋風拂盡熱半夜雨淋淋瀧遶屋是芭蕉一枕高響

圍恰似釣魚船蓬底睡覺時

石塘橋晚釣

濂溪溪上釣思歸復思歸釣魚船好睡寵辱不相隨肯爲爵祿重白髮猶羈縻

靜思篇

靜思歸舊隱日出半山晴醉榻雲籠潤吟窓瀑瀉清閒方爲達士忙只是勞生朝市誰頭白車輪未曉鳴

贈譚虞部致仕

清時皇郎貴白首故鄉歸有子紆藍綬將孫着綵

衣松喬新道院鶴老舊漁磯知止自高德寧爲遁
者肥

天池

斯須暮雲合白日無餘暉金波從地湧寶鏡穿林
飛僧言自雄誇俗駭無因依安知本地靈發見隨
天機

遊大林

三月山房暖林花互照明路盤層頂上人在半空
行水色雲含白禽聲谷應清天風拂襟袂縹緲覺
身輕

宿崇聖

公程無暇日暫得宿清幽始覺空門客不生浮世愁溫泉喧古洞曉磬度危樓徹曉都忘寐心疑在沃州

題浩然閣

劉侯戴武弁政則心吾儒士茂先興學子賢勤讀書猷爲莫不善才力蓋有餘西北方求師浩然寧久居

題寇順之道院壁

一日復一日一杯復一杯青山無限好俗客不曾

來往事一如此朱顏安在哉寄與地上客歷亂竟
誰催

憶江西提刑何仲容

蘭似香鴛友松何枯向春榮來天澤重發去繡衣
新畫作百年夢終歸一窖塵痛心雙淚下無復見
賢人

劍門

劍立溪峰信險深吾皇大道正天心百年外戶都
無閉空有關名點貢琛

題春晚

花落柴門掩夕暉昏鴉數點傍林飛吟餘小立闌干外遥見樵漁一路歸

題太顛壁

退之自謂如夫子原道深排佛老非不識太顛何似者數書珍重更留衣

牧童

東風放牧出長坡誰識阿童樂趣多歸路轉鞭牛背上笛聲吹老太平歌

經古寺

琳宫金刹接林巒一逕潛通竹逕寒是處塵埃皆

可息時清終未忍辭官

同友人遊羅巖

聞有山巖即去尋亦躋雲外入松陰雖然未是洞
中境且異人間名利心

題惠州羅浮山

紅塵白日無閑人況有魚緋繫此身關上羅浮閑
送目浩然生意復吾眞

題酆州仙都觀

山盤江上虬龍活殿倚雲中洞府深欽想眞風杳
何在偃松喬柏共蕭森

宿山房

久厭塵氛樂靜元俸微獨乏買山錢徘徊真境不
能去且寄雲房一榻眠

遊赤水縣龍多山書仙臺觀壁

到官處處須尋勝惟此合陽無勝尋赤水有山仙
甚古攀躋聊足到官心

喜同貲長官遊

尋山尋水侶尤難愛利愛名心少閒此亦有君吾
甚樂不辭高遠共躋攀

和貲君樂遊山之什

雲樹巖泉景盡奇登臨深恨訪尋遲長樓未得於
何記猶有君能雅和詩

江上別石郎中

落葉蹄聲古渡頭渡頭人擁欲行舟別離情似長
江水遠亦隨公日夜流

香林別趙清獻

公暇頻陪塵外遊朝天仍得送行舟軒車更共入
山腳旌旆且從留渡頭精舍泉聲清瀧瀧高林雲
色淡悠悠談終道與愁言去明日瞻恩上郡樓

同石守遊

朝事誰知世外遊杉松影裏入吟幽爭名逐利千繩縛度水登山萬事休野鳥不驚如得伴白雲無語似相留傷人莫笑凭欄久爲戀林居作退謀

任所寄鄉關故舊

老子生來骨性寒宦情不改舊儒酸停杯厭飲香醪味舉箸常餐淡菜盤事宂不知筋力倦官清贏得夢魂安故人欲問吾何况爲道舂陵只一般

書類

付二十六叔

姪男惇頤啓孟秋猶熱伏惟二十六叔三十一叔

諸叔母諸兄長尊體起居萬福周與來知安樂喜無盡惇頋守官外與新婦幸如常不勞憂念來春歸鄉即遂拜侍來聞伏望順時備加保愛不備

又書與三十一叔

姪男惇頋狀拜上七月六日夜二十六叔三十一叔諸叔母諸兄長座前諸弟諸姪安樂好將息好將息

與仲章手帖

首夏猶熱計新婦男女安健我此中與叔母季老通老韓姐善二以下並安近遞中得先公加贈官

階贈諫議大夫家門幸事家門幸事汝備酒果香茶詣墳前告聞先公諫議大夫也未相見千萬好將息不具

與仲章六月四日書

叔付仲章六月四日諸處書立使周一父子送去叔母韓姐傳與汝新婦姪兒姪女各計安好將息好將息百一百二附兄嫂起居之間善二與新婦安安汝切不得來周三翁夫妻安否周三父子安否周一父子看守墳塋小心否周幼二安否如何也

與傅秀才書

惇實頓首傅君茂才足下昨日飯會上草草致書不識已達否日惟履用休適惇實自春來郡事併多又新守將至諸要備辦稍有一日空暇則或過客或節辰或不時聚會實毋會即作詩雅則雅矣形勞亦疲故尚未有意思爲足下作策問匆訝匆訝遂州平紋紗輕細者染得好皂者告買一疋自要作夏衫併買樗蒲綾褌叚二個碎事煩聒愧悚愧悚忽遣人探新守次忝筆不謹暄煖加愛不宜惇實頓首傅君茂才足下

慰李才元書

惇實頓首變故不常竊審尊夫人太君奄棄榮養伏惟號天永慕難以勝處罔極柰何孝思柰何敢冀節哀以從中制卑情不任苦痛之至謹奉疏以慰不宣謹疏四月某日汝南周惇實疏上

友婷叟婦隨於希世而尚友千古

明道程子曰自再見茂叔後吟風弄月以歸有吾與點也之意又曰茂叔窻前草不除問之云與自家意思一般

北山陳氏曰昔夫子之道其精微在易而所以語

與傅秀才書

惇實頓首傅君茂才足下昨日飯會上尊章敬書不識已達否日惟屢用休適惇實自春來郡事併多又新守將至諸要備辦稍有一日空暇則或游客或節度或丞不時聚會毋會即作詩雅則雅矣形

與傅秀才書

惇實頓首傅君茂才足下昨日飯會上尊章敬書不識已達否日惟屢用休適惇實自春來郡事併多又新守將至諸要備辦稍有一日空暇則或游客或節度或丞不時聚會毋會即作詩雅則雅矣形

宋濂溪周元公先生集卷之五

吳郡十七世孫與爵重輯

諸儒議論

山谷黃氏曰茂叔人品甚高胷中灑落如光風霽月好讀書雅意林壑初不爲人窘束短於取名而惠於求志薄於徼福而厚於得民菲於奉身而燕及煢嫠陋於希世而尚友千古

明道程子曰自再見茂叔後吟風弄月以歸有吾與點也之意又曰茂叔窻前草不除問之云與自家意思一般

北山陳氏曰昔夫子之道其精微在易而所以語

門人者皆日用常道未嘗及易也夫子歿門人各以所聞傳道于四方者其流或少差獨曾子子思之傳得其正子思復以其學授孟軻氏斯時也百氏之說昌矣孟軻氏歿又曠千載而泯不傳濂溪周子出始發明孔子易道之藴提其要以授哲人旣又手爲圖筆爲書然後孔氏之傳復續凡今之學知有孔氏大易之蘊大學中庸七篇之旨歸者皆自先生發之先生之功在後學深長且遠者以此也

鶴山魏氏曰周子奮自南服超然獨得以上承孔

孟氏垂絕之緒河南二程子神交心契相與疏瀹闡明而聖道復著曰誠曰仁曰太極曰性命曰陰陽曰鬼神曰義利綱條彪列分限曉然學者始有所準的於是知身之貴果可以位天地育萬物果可以爲堯舜爲周公仲尼而其求端用力又不出乎暗室屋漏之隱躬行日用之近亦非若異端之虛寂百世之支離也

朱晦翁曰濂溪在當時人見其政事精絕則以爲宦業過人見其有山林之志則以爲襟懷洒落有仙風道氣無有知其學者惟程太中知之宜其生

兩程夫子也

延平李氏曰黄山谷謂周子洒落如光風霽月此善形容有道者氣象

邢恕和叔敘述明道先生事云茂叔聞道甚早王荆公爲江東提點刑獄時已號爲通儒茂叔遇之與語連日夜荆公退而精思至忘寢食或云荆公少年不可當世士獨懷刺往見濂溪三往三辭焉荆公艴然曰吾獨不能自求之六經耶遂不復求見

真西山曰自荀楊以惡與混爲性而不知天命之

本然老莊氏以虛無爲道而不知天理之至實佛
氏以剗滅彝倫爲教而不知天敘之不可易周子
生乎絕學之後乃獨探本源闡發幽秘二程子見
而知之朱子又聞而知之述作相承本末具備自
是人知性不外乎仁義禮智而惡與混非性也道
不離乎日用事物而虛無非道也教必本乎君臣
父子夫婦昆弟而剗滅彝倫非教也闡聖學之戶
庭祛世人之矇瞶千載相傳之正統其不在茲乎
程明道曰昔受學於茂叔令尋仲尼顏子樂處所
樂何事

顥年十六七時好田獵既而自謂已無此好茂叔曰何言之易也但此心潛隱未發一日萌動如初矣後十二年暮歸在田野間見獵者不覺有喜心乃是知果未也

勉齋黃氏曰周子以誠爲本以欲爲戒此又周子繼孔孟不傳之緒者也至二程子則曰涵養須用敬進學則在致知又曰非明則動無所之非動則明無所用而爲四箴以著克己之義焉此二程得統於周子者也

朱子曰自周衰孟軻氏沒而此道之傳不屬至宋

受命五星聚奎開文明之運而周子出焉不由師傳默契道體建圖著書根極領要當時見而知之有程氏者遂擴大而推明之而周公孔子之傳煥然復明於時非天所畀孰能與于此

伊川先生作明道先生行狀曰先生自十五六時聞汝南周茂叔論道遂厭科舉之業慨然有求道之志（釋宋之道學自汝南周子始）

河間劉立之叙述明道先生事曰先生從汝南周惇頤問學窮性命之理率性會道體道成德出入孔孟從容不勉（釋周教人專在性命上理會）

李初平見茂叔云某欲讀書如何茂叔云公老矣無及矣待某只說與公初平遂聽說話二年乃覺悟釋說話處即是力行然亦有如此太守亦有如此縣令

又曰周茂叔謂荀子元不識誠伯淳曰既誠矣心焉用養耶荀子不知誠釋貶荀子太過大學中庸亦言誠

邵伯溫作易學辨惑記康節先生事曰伊川同朱光庭公掞訪先君先君留之飲酒因以論道伊川指面前食卓曰此卓安在地上不知天地安在甚處先君爲極論天地萬物之理以及六合之外伊川嘆曰平生惟見周茂叔論至此釋伊川聞諸周子者亦深乎

宋濂溪周元公先生集卷之六

吳郡十七世孫與爵重輯

事狀

濂溪先生行實 淳熙六年　朱熹

先生姓周氏名惇實字茂叔避厚陵藩邸名改惇
頤世居道州營道父輔成大中祥符八年登蔡齊
榜進士第嘗爲賀州桂嶺令贈諫議大夫母鄭氏
封仙居縣太君先生少孤養外家景祐用舅氏龍
圖閣學士鄭公珦奏試將作監主簿授洪州分寧
縣主簿先生博學力行遇事剛果有古人風其爲
政精密嚴恕務盡道理縣有獄久不決先生至一

訊立辨衆口交稱之部使者薦其才爲南安軍司理獄布囚法不當死轉運使王逵欲深治之逵苛刻吏無敢與相可否者先生獨與之辨不聽則置手板歸取告身委之而去曰如此尚可仕乎殺人以媚人吾不爲也逵感悟因得不死且賢先生薦之移郴州桂陽令皆有治績用薦者改大理寺丞知洪州南昌縣南昌人見先生來喜曰是能辨分寧獄者於是更相告語勿違教命而以汙善政爲耻也改太子中書舍人簽書合州判官事轉殿中丞一郡之事不經先生手吏不敢決民不肯從趙

清獻公爲使者小人或讒先生趙公臨之甚威而
先生處之超然也轉國子博士通判虔州趙公來
爲守熟視先生所爲執其手曰今日乃知周茂叔
也遷尚書虞部員外郎通判永州權發遣邵州事
新學校以教其人熙寧元年用趙公及呂正獻薦
爲廣南東路轉運判官三年轉虞部郎中提點刑
獄先生不憚出入之勞瘴毒之侵雖荒崖絶島人
迹所不至處亦必緩視徐按務以洗冤澤物爲已
任設施措置未及盡其所爲而先生病矣因請南
康軍以歸趙公再尹成都復起先生朝命及門而

先生卒矣熙寧六年六月七日也年五十有七塟江州德化縣清泉社娶陸氏封縉雲縣君再娶蒲氏封德清縣君子壽燾皆太廟齋郎先生所著書有太極圖易說易通數十篇詩十卷藏于家先生在南安時年甚少不爲守所知洛人程公珦攝通守事視其氣貌非常人與語知其爲學知道也因與爲友且使其子顥頤受學焉及爲郎故事當舉代每一遷授輒以薦之程公二子皆唱鳴道學以繼孔孟不傳之統世所謂二程先生者其原蓋自先生發之也在郴時其守李公初平知先生論學

嘆曰吾欲讀書如何先生曰公老矣無及也惇頤請得與公言之初平遂日聽先生語蓋二年而有得王荆公提點江東刑獄時巳號爲通儒先生遇與語連日夜荆公退而精思至忘寢食先生自少信古好義以名節自砥礪其奉巳甚約俸禄盡以周宗族在南昌時得疾暴卒更一日夜始甦或視其家只一敝篋錢不滿百李初平卒子幼不克葬先生護其喪歸葬之分宜而歸妻子饘粥不給曠然不以爲意也廬山之麓有溪焉築室其上名之曰濂溪因語其友淸逸居士潘延之曰可仕可止

古人無所必束髮爲學將有以設施可澤於斯民必不得已止未晚也此濂溪者畀時與予相從於其上歌咏先王之道足矣此其出處之本意也豫章黄庭堅稱之曰茂叔人品甚高胸中灑落如光風霽月好讀書雅志林壑不卑小官職思其憂論法常欲與民決訟得情而不喜其爲使者進退官吏得罪者自以不冤濂溪之名雖不足以對其美然茂叔短於取名而樂於求志薄於徼福而厚於得民菲於奉身而燕及惸嫠短於希世而尚友千古聞茂叔之風猶足律貪則此溪之水配茂叔以

永久所得多矣識者亦或有取於其言云

濂溪先生墓誌銘

南豐潘興嗣

吾友周茂叔諱惇頤其先營道人曾祖諱從遠祖諱智強皆不仕考諱輔成任賀州桂嶺縣令贈諫議大夫君幼孤依舅氏龍圖閣學士鄭珦以君有遠器愛之如子龍圖公名子皆用惇字因以惇名君景祐中奏補試將作監主簿授洪州分寧縣簿君博學行已遇事剛果有古人風衆口交稱之部使者以君爲有才奏舉南安軍司理參軍轉運使王逵以苛刻莅下吏無敢可否君與之辨事不爲

屈囷置手板歸取誥敕納之投劾而去遂爲之改容復薦之移郴令改桂陽令皆有治績用薦者遷大理寺丞知洪州南昌縣其爲精治容嚴恕務盡道理民至今思之改太子中書簽判單恩改虞部員外郎通判永州今上即位恩改駕部趙公抃入參大政奏君爲廣南東路轉運判官稱其職遷虞部郎中提點本路刑獄君盡心職事務在矜恕雖瘴癘僻遠無所憚勞竟以此得疾懇請郡符知南康軍未幾分司南京趙公抃復奏起君而君疾已篤熙寧六年六月七日卒于九江郡之私第享年

五十七君篤義氣以名節自砥礪郴守李初平最知君君既薦之又賙其所不給及初平卒子尚幼君護其喪以歸葬之士大夫聞君之風識與不識皆指君曰是能葬舉主者君奉養至廉所得俸祿分給宗族其餘以待賓客不知者以爲好名君處之裕如也在南昌時得疾暴卒更一日一夜始甦視其家服御之物止一敝篋錢不滿百人莫不歎服此予之親見也嘗過潯陽愛廬山因築室溪上名之曰濂溪書堂每從容與言可仕則仕古人無所必束髮爲學將有以設施可澤於斯民者必不

得已止未晚也此濂溪異時與予相從於其上歌咏先正之道足矣此君之志也尤善談性理深於易學作太極圖易説易通數十篇詩十卷今藏于家母鄭氏封仙居縣太君娶陸氏職方郎中參之女再娶蕭氏太常丞師道之女子二人曰壽曰燾皆補太廟齋郎以其年十一月二十一日窆於德化縣德化鄉清泉社母夫人墓左從遺命也壽等次列其狀來請銘乃泣而爲之銘銘曰人之不然我獨然之義貫於中貴於自期讙讙日甚風俗之偷乃如伊人吾復何求志固在我壽則有命道之

不行斯謂之病

先生墓銘　　左丞蒲宗孟

吾嘗謂茂叔爲貧而仕仕而有所爲亦大槩畧見于人人亦頗知之然至其孤風遠操寓懷于塵埃之外常有高棲遐遁之意則世人未必盡知之也於其死吾深悲焉故想像君之平生而寫其所好以寄之銘云廬山之月兮暮而明湓浦之風兮朝而清翁飄飆兮何所琴悄寂兮無聲杳乎欲訴而奚問浩乎欲忘而難平山顛水涯兮生既不得以自足死而葬乎其閒兮又安知其不爲清風白月

往來于深林幽谷皎皎而泠泠也形骸兮歸此適所願兮攸安攸寧

先生墓室記　何子舉

先生世家春陵之濂溪今以故里名行於溢益襲春陵舊耳自先生講道此邦距今幾二百年流風所漸民醇俗魯其爲士也愿而文過化之盛非止家藏書人誦言而已邦人瞻仰有祠學聚有堂墓道有表揭闕而未嵗惟春秋之祭俎罍班榛荊衿佩濡露雨耳寶祐癸丑制帥陳公夢斗以南豫學子典郡事二年間恩浹和集以公於己者公於人

克臻暇裕於縮迫中將以餘力起廢墜乃諏急先命理椽鳩工築室墓右踰時告成萃賓僚相祀妥厥像于中冠屨肅穆光霽洋洋生如也竣事命某有以識夫圖書之妙中天日月天下見道即見先生室之築特以寄瓣香勺、齊之敬耳尚何言以藻繪斯道抑其反復左丞蒲公宗孟銘先生墓不能不扼腕於仲尼日月也其言曰先生疾革時致書某上方與起數千百年無有難能之事將圖太平天下材智皆圖自盡吾獨不能補助萬分一又不能竊須臾之生以見堯舜禮樂之盛今死矣命也

嗟乎有是言哉先生之學靜虛動直明通公溥以
無欲爲入聖之門者也窮達常變漠無繫累浮雲
行藏晝夜生死其所造詣夫豈執世俗戀榮偷生
之見者所可窺其藩言焉不擇左丞尚得爲知先
生者然則先生之道豈固信於來世而獨不知於
姻親者哉按左丞黨金陵者也方金陵倡新法毒
天下熏心寵榮者無慮皆樂附二辭其所不然者
惟特士醇儒未可以氣力奪左丞所云興起數千
百年無有難能之事吾獨不能補助者得無影響
借重爲新法學自振援者耶年叔遐征里粟議者

難之遂借其說於子產徐逢吉以河內寇爲平民頑引更生之對實其事自古貿亂是非往往一轍若左丞者設易簣之言堅金陵無復忌憚之心騰自欺之舌誣先生於無從究詰之地其爲毀譽求合罔世塞道又罪浮於臧倉者也因辨識末以質於當世君子又一年五月既望後學金華何子舉祺并書建安翁甫題額

宋史道學本傳

道學之名古無是也三代盛時天子以是道爲政教大臣百官有司以是道爲職業黨庠術序師弟

子以是道為講習四方百姓日用是道而不知是故盈覆載之間無一民一物不被是道之澤以遂其性於斯時也道學之名何自而立哉文王周公既沒孔子有德無位既不能使是道之用漸被斯世退而與其徒定禮樂明憲章刪詩書脩春秋讚易象詩論墳典期使五三聖人之道昭明於無窮故曰夫子賢於堯舜遠矣孔子沒曾子獨得其傳傳之子思以及孟子孟子沒而無傳兩漢而下儒者之論大道察焉而弗精語焉而弗詳異端邪說起而乘之幾至大壞千有餘載至宋中葉周惇頤

出於春陵乃得聖賢不傳之學作太極圖說通書推明陰陽五行之理命於天而性於人者瞭若指掌張載作西銘又極言理一分殊之旨然後道之大原出於天者灼然而無疑焉仁宗明道初年程顥及弟頤實生及長受業周氏已乃擴大其所聞表章大學中庸二篇與語孟並行於是上自帝王傳心之奧下至初學入德之門融會貫通無復餘蘊迄宋南渡新安朱熹得程氏正傳其學加親切焉大抵以格物致知爲先明善誠身爲要凡詩書六藝之文與夫孔孟之遺言顛錯於秦火支離於

漢儒幽沉於魏晉六朝者至是皆煥然而大明秩然而各得其所此宋儒之學所以度越諸子而上接孟氏者歟其於世代之汚隆氣化之榮悴有所關係也甚大道學盛於宋宋弗究於用甚至有厲禁焉後之時君世主欲復天德王道之治必來此取法矣邵雍高明英悟程氏實推重之舊史列之隱逸未當今置張載後張栻之學亦出程氏既見朱熹相與傳約又大進焉其他程朱門人考其源委各以類從作道學傳

濂溪先生傳　　脫脫

周惇頤字茂叔道州營道人先名惇實避英宗舊諱改焉以舅龍圖閣學士鄭珦任爲分寧主簿有獄久不決惇頤至一訊立辨邑人驚曰老吏不如也部使者薦之調南安軍司理參軍有囚法不當死轉運使王逵欲深治之逵酷悍吏也衆莫敢爭惇頤獨與之辨不聽乃委手板歸將棄官去曰如此尚可仕乎殺人以媚人吾不爲也逵悟囚得免移郴之桂陽令政績尤著郡守李初平賢之語之

曰吾欲讀書何如惇頤曰公老無及矣請爲公言
之二年果有得徙知南昌南昌人皆曰是能辨分
寧獄者吾屬得所訴矣富家大族黠吏惡少惴惴
焉不獨以得罪於令爲憂而又以汚穢善政爲耻
歷合州判官事不經手吏不敢决雖下之民不肯
從部使者趙抃惑於譖口臨之甚威惇頤處之超
然通判虔州抃守虔熟視其所爲乃大悟執其手
曰吾幾失君矣今而後乃知周茂叔也熙寧初知
郴州用抃及呂公著薦爲廣東轉運判官提點刑
獄以洗寃澤物爲已任行部不憚勞苦雖瘴癘險

遠亦綏視徐按以疾求知南康軍因家廬山蓮花峯下前有溪合於湓江取營道所居濂溪以名之抃再鎮蜀將奏用之未及而卒年五十七黃庭堅稱其人品甚高胷懷洒落如光風霽月廉於取名而銳於求志薄於徼福而厚於得民菲於奉身而燕及煢嫠陋於希世而尚友千古博學力行著太極圖明天理之根源究萬物之終始其說曰無極而太極太極動而生陽動極而靜靜而生陰靜極復動一動一靜互爲其根分陰分陽兩儀立焉陽變陰合而生水火木金土五氣順布四時行焉五

行一陰陽也陰陽一太極也太極本無極也五行之生也各一其性無極之眞二五之精妙合而凝乾道成男坤道成女二氣交感化生萬物萬物生生而變化無窮焉惟人也得其秀而最靈形既生矣神發知矣五性感動而善惡分萬事出矣聖人定之以中正仁義而主靜立人極焉故聖人與天地合其德日月合其明四時合其序鬼神合其吉凶君子修之吉小人悖之凶故曰立天之道曰陰與陽立地之道曰柔與剛立人之道曰仁與義又曰原始反終故知死生之説大哉易也斯其至矣

又著通書四十篇發明太極之藴序者謂其言約而道大文質而義精得孔孟之本源大有功於學者也掾南安時程珦通判軍事視其貌非常人與語知其爲學知道因與爲友使二子顥頤往受業焉惇頤每令尋孔顔樂處所樂何事二程之學源流乎此矣故顥之言曰自再見周茂叔後唫風弄月以歸有吾與點也之意侯師聖學於程頤未悟訪惇頤惇頤曰吾老矣說不可不詳留對榻夜談越三日乃還頤驚異之曰非從周茂叔來耶其善開發人類此嘉定十三年賜謚曰元公淳祐元年

封汝南伯從祀孔子廟庭子壽壽官至寶文閣待

制

宋濂溪周元公先生集卷之七

吳郡十七世孫與爵　重輯

歷代褒崇

宋嘉定謚濂溪先生議

嘉定十三年六月二十二日賜謚曰元監司博士謹按謚法主善行德曰元先生博學力行會道有元脉絡貫通上接乎洙泗條理精密下逮乎河洛以元易名庶幾百世之下知孟氏之後明聖道必自濂溪始

宋追封汝南伯從祀廟庭詔 淳祐元年

朕惟孔子之道自孟軻後不得其傳至我朝周惇頤眞見實踐深探聖域千載絶學始有指歸中興以來又得朱熹精思明辯表裏混融使大學中庸語孟之書本末洞徹孔子之道益以大明于世朕每觀儒臣論著啓沃良多今視學有日詔令學宫列諸從祀以示崇奬之意

元加封爲道國公詔　延祐六年

蓋聞孟軻既沒道失其傳孔子言湮人自爲說諒斯文其未喪有眞儒之間生濂溪周惇頤稟元氣之至精紹絶學於獨得圖太極而妙幹萬化著通

書而同歸一誠俾聖學燦然復明其休功尚垂不
泯朕守繼體貴德尊賢追念前修之稽彝典已從
廟庭之祀盍疏邦國之封於戲霽月光風想清規
之如在玄衮赤芾賁寵命之斯承
國朝褒崇聖賢優恤子孫
正統元年七月十七日順天府推官徐郁具題伏
覩聖朝崇尚聖賢之道推恩及其子孫孔氏宗子
承襲封爵其餘子孫皆免差役顏孟之後專設教
授以司訓誨俾習仁義道德無隳先業此希世之
盛典也及照道國公周惇頤上繼往聖下開來學

有功聖門後世是賴雖已從祀廟學子孫亦皆淪
雜編民祠墓不免夷圮伏惟
皇上大興文治將於變斯民如蒙准言乞　勑該部
將聖賢子孫體訪
上聞照例優免但一應正辦雜泛差徭并鹽鈔戶口
等役盡行蠲免止納糧一事其糧就納本處官倉
免致勞擾有妨學業仍於本處訪常稔田置買頃
畝給與子孫耕贍以永奉祀其戶內子孫令於所
在儒學習業擇其才質可用者量加甄錄應有祠
墓官爲修葺仍於附近民戶內僉點佃戶十戶掃

夫拾戶門庫陸戶常川佃掃孔氏子孫出於曲阜流寓衢州周濂溪生於舂陵葬於九江朱晦菴貫於婺源産於建陽然雖各處皆有秩載享祀崇奉俱在異省程途遠隔恐歲久子孫畏其遠阻必致怠忽而於報本追遠之誠愈久而愈亡相視如途人焉且有能罄其展修之誠無由得往禮宜定爲年例祭謁若子孫或五年一祭十年一謁凡經過府州縣及巡司驛遞等衙門俻禮用心供費水陸應付船馬人夫廪使人知君子之澤悠久不替感發興起有補世教則比屋可封之美亦可馴致矣

具奏于　奉天門奏奉
聖旨說的是六部都察院計議停當來說欽此欽遵
行在吏部等部幷都察院少保工部尚書吳　等
計議合准所言宜從行在戶部禮部施行具題八
月十五日各官奏奉
聖旨欽此欽遵已行移咨到部合行湖廣布政司轉
行永州府着落道州將道國周元公祠墓如有損
壞就便官爲葺理完備仍於附近三丁以下民戶
照例僉點常川看守以奉香火及備灑掃應有子
孫照例優免差役內有聰明俊秀可教養者不拘

名數送赴所在儒學讀書時加用心訓誨務獲成
效以繼先業子孫有資質端莊學識可取者有司
從實甄錄就撥廩養贍具奏取自
上裁毋得怠惰視爲泛常及循私不公不加禮優待
有負
朝廷崇重先賢之恩則罪有所歸也
國朝錄周元公子孫
禮部爲特
恩事景泰六年十一月內該司禮監太監王誠傳奉
聖旨周濂溪他有功于世教着禮部取他嫡長子孫

一人來京傳奉到部欽此欽遵禮部補本覆奏外
合行湖廣布政司轉行永州府着落道州官吏里
老人等勘審的實周濂溪嫡長子孫一人作急以
禮起送就彼馳驛赴京毋得稽遲及將同姓疎遠
之人冒送獲罪不便今據湖廣永州府道州起送
周濂溪嫡長子孫周冕到部緣係
欽取人數未敢擅便景泰七年五月二十二日本部
官具題奉
聖旨照例着做世襲五經博士欽此欽遵外移咨吏
部查得翰林院設有五經博士欲將周冕填註翰

林院世襲五經博士仍回原籍湖廣永州府道州
以奉祭祀未敢擅便本部官具題奉
聖旨是欽此欽遵合劄本官回還湖廣永州府道州
奉祀施行歷代褒崇優恤錄用詳載道州州志

御賜道州書院額

景定四年二月日御賜道州濂溪書院額先是道
州守臣楊允恭援九江書院額請于朝上御書道
州濂溪書院六大字錫以璽書馳賜之允恭上表
謝伏以
星奎啓運洪儒傑出於瀟源雲漢爲章緑字煥新

於黌宇鸞廻鳳翥魚躍鳶飛臣恭惟我宋之右文
乃有臣頤之倡道接孔孟之丕緒闡圖書之正宗
睠是春陵實其鄉國田園數畝元豐之書契尚有
林壑一丘治平之題墨猶在況道郡得名之非偶
而濂溪爲保以至今臣曩職采芹茲叨分竹念書
塾之與凡歷幾載荷
御扁之賜獨一九江顧惟父毋之邦未沐
帝王之寵闕然鉅典鬱若輿情不量遠地之微臣妄
覬上天之妙筆奏函朝上 宸翰夕頒昭回六字
之晶若鼓舞一方之衿佩茲蓋伏遇

皇帝陛下緝熙聖學表章儒先襃前朝之美謚曰元

昔舉易名之典屈

天子之尊臨千學肇開通祀之儀煥乎麗藻之文賁

此維桑之里臣祇承羲畫如對龍顔結霧霏煙永

作九疑之輝映光風霽月喜同多士之詠歸臣無

任瞻天望聖激切屏營之至謹奉表稱謝以

聞臣允恭惶懼頓首謹言

宋濂溪周元公先生集卷之八

祠堂墓田諸記

吳郡十七世孫與爵重輯

濂溪先生祠堂記

胡銓

舂陵太守直閣向公抵書某曰紹興之初予嘗蒞茲土壬子春坐諸司誣鑠罷寓豐城僧舍是秋文定胡公自給事中免歸亦館焉得朝夕請益一日謂予濂溪先生舂陵人也有遺事乎對以未聞後讀河南語錄見程氏淵源自濂溪出乃知先生學極高明因傳通書誠說味于其所不知茲幸復假守視事三日謁先聖畢語儒官生徒先生天下後

世標望誠說具在後學獨不知尊仰是大漏典請建祠講堂後三元閣上皆應曰諾夏四月辛卯繪事僝工闔郡鄉化翕然予其記之某謂自頊興法搶攘刺郡者悉爲吏牘埋沒至有難如素王之嘆奚暇教化公下車首尊賢崇雅且懇以誠爲言此盛德事某敢以固爲辭況伯氏辱知爲舊其又奚辭竊聞韓子曰誠者不欺之名程子曰誠者理之實不誠無物言無實也其說始於易成於禮考之曲禮鬼神以誠考之檀弓愼終以誠考之特牲婚禮以誠考之月令工師以誠考之學記教學以誠

考之樂記禮經以誠考之祭統祀享以誠考之中庸事親以誠考之大學治天下國家以誠八者一不誠焉皆欺矣大哉誠乎誠非難也至誠之誠難也夫婦之愚及身可以爲誠及其至也雖堯舜之誠荀卿猶以爲僞堯舜豈僞也哉故曰至誠之誠難也禮至誠有五能盡性也能化也前知如神也無息也知天地之化育也是皆實理之極不欺於人故能盡性不欺於物故能化物不欺於神故能如神不欺于巳故能無息不欺于天地故能知天地之化育通書之作蓋期學者至于是焉耳其云

性者剛柔善惡中而已盡性也云動則變變則化者能化也云寂然不動者誠也感而遂通者神也如神也云君子乾乾於誠者無息也云乾坤交感化生萬物者知天地之化育也知此五者則知禮之所謂誠矣知禮之所謂誠則知易之所謂誠矣易禮通書其致一也或曰通書叙乾損益動云不息於誠叙家人睽復無妄云無妄則誠是卦皆誠也而漢書又以爲易唯乾言誠誠者天之道也然則通書非乎曰否子獨不見夫一六之說乎天以一生水地以六成之一六合而水可見誠則明明

則誠誠明合而道可見古之人蓋以誠配一也言誠而止於天猶知一而不知六也按誠說乾元誠之源元亨誠之通利貞誠之復夫乾四德爲誠坤屯臨隨無妄革亦四德也不得爲誠乎元亨誠之通大有蠱升鼎非誠之通乎利貞誠之復蒙同人大畜離咸恒遯大壯明夷家人蹇萃漸兌渙中孚小過既濟非誠之復乎推此則易非止乾爲誠也明矣獨乾言誠者端本之道耳故曰乾元誠之源其旨微哉公往歲司風憲湖湘戢吏字民民至今思之以不屈權勢落三十年而所養益剛大今復

觀象濂溪務實去僞豈徒角空言而已必其由先生之書以明易以合乎曲禮之誠以嚴屏攝合乎擅弓之誠使民送死無憾合乎特牲之誠使民婚姻以禮合乎月令之誠使民器不若窳合乎學記之誠使民風移俗易合乎樂記之誠使民禮經無僞合乎祭統之誠使民祭思敬合乎中庸之誠使民養思孝合乎大學之誠使吾政術無頗欺無所不用其誠矣由是而克焉吾知公後日登壇贊元致君堯舜上則盡性也能化也前知如神也無息則久也知天地之化育也冝皆胎合通書之旨視

濂溪其無愧焉濂溪諱敦頤姓周氏紹興二十九
年五月日記

濂溪先生祠堂記 淳熙丙申 朱熹

道之在天下者未嘗亡惟其托於人者或絕或續故其行于世者有明有晦是皆天命之所爲非人智力之所能及也夫天高地下而二氣五行紛紜雜糅升降往來於其間其造化發育品物散殊莫不各有同然之理而最大者則仁義禮智之性君臣父子昆弟夫婦朋友之倫是已是其周流充塞無所虧閒夫豈以古今治亂爲存亡者哉然氣之

運也則有淳漓判合之不齊人之禀也則有清濁昏明之或異是以道之所托于人而行於世者惟天所畀乃得與焉決非巧智果敢之私所能億度而強探也河圖出而八卦畫洛書呈而九疇敘孔子於斯文之興喪亦未嘗不推之於天聖人於此其不我欺也審矣若濂溪先生者其天之所畀而得乎斯道之傳者歟不然何以絕之久而續之易晦之甚而明之亟也蓋自周衰孟軻氏沒而此道之傳不屬更秦及漢歷晉隋唐以至於我有宋聖祖受命五星聚奎實開文明之運然後氣之漓者

淳判者合淸明之禀得以全付於人而先生出焉不繇師傳默契道體建圖著書根極領要當時見而知之有程氏者遂擴大而推明之使夫天理之微人倫之著事物之衆鬼神之幽莫不洞然畢貫於一而周公孔子孟氏之傳煥然復明於當世有志之士得以探討服行而不失其正如出於三代之前者嗚呼盛哉非天所畀其孰能與於此先生姓周氏諱惇頤字茂叔世家舂陵而老廬山之下因取故里之號以名其川曰濂溪而築室於其上今其遺墟在九江郡治之南十里而其荒蕪不治

則有年矣淳熙丙申今太守潘侯慈明與其通守呂侯勝巳始復作堂其處揭以舊名以奉先生之祀而呂侯又以書來屬熹記之熹愚不肖不足以及此獨幸嘗竊有聞於程氏之學者因得伏讀先生之書而親見其爲人比年以來屏居無事嘗欲一泛九江入廬阜濯纓此水之上以致高山景行之思而病不得往誠不自意乃今幸甚獲因文字以記姓名於其間也於是竊原先生之道所以得於天而傳諸人者以傳其事如此使後之君子有以觀考而作興焉是則庶幾乎兩侯之志云爾

永州府學先生祠記　張栻

零陵守福唐陳公輝下車之明年令信民悅廼思有以發揚前賢遺範貽詔多士他日偕通判州事曾公迪詣郡學顧謂諸生曰永雖小郡而前輩鉅公名德往往辱居之如本朝范忠宣公范內翰公鄒侍郎公皆旣建祠於學宫矣惟濂溪周先生嘉祐中嘗倅此州而獨未有以表出之豈所以爲重道崇德示教之意乎於是教授劉安世率諸生造府請就郡學殿宇之東廂闢先生祠前通判武岡方公疇以書走九江求先生像于先生諸孫得之

陳公命零陵宰高祈董其事而成之繪像儼然欄
楯周密既成屬栻爲記栻以晚生屬辭不獲敬誦
所聞以廣其意先生諱惇頤字茂叔舂陵人歷官
凡九遷至通判永州用呂正獻公薦擢廣南東路
轉運使判官攺提點刑獄所臨力行其志晚以病
丐分司築居廬山下有溪流其傍名之曰濂故號
濂溪先生栻嘗聞程公太中倅南安先生爲獄掾
太中公視其氣貌非常人與語果知道者因與爲
友故明道自十五六時聞先生論道遂厭科舉之
業慨然有求道之志伊川年十二三亦受學焉惟

二程先生倡明道學論仁義忠信之實著天理時中之妙述帝王治化之源以續孟氏千載不傳之道其所以自得者雖然師友可傳而論其發端實自先生豈不懿乎先生著通書及拙賦皆行於世而又嘗俾學者求孔顏所樂何事噫以此示人亦可謂深切矣後之登斯祠者覩先生之儀容讀先生之書賦求先生之心真積力久希聖希賢必有得顏子之所樂者矣

道州建先生祠記 淳熙五年 張栻

宋有天下明聖相繼承平日久元氣胥會至昭陵

之世盛矣宗工鉅儒磊落相望於是時濂溪先生寔出於舂陵焉先生姓周字茂叔晚築廬山之下以濂名其溪故世稱爲濂溪先生舂陵之人言曰濂溪吾鄉之里名也先生世家其間及寓於他邦而不忘其所自生故亦以是名溪而世或未之知耳惟先生仕不大顯於時其澤不得究施然世之學者孜論師友淵源以孔孟之遺意復明於千載之下實自先生發其端由是推之則先王之澤其何有窮哉蓋自孔孟沒而其微言僅存於簡編更秦火之餘漢世儒者號爲窮經學古不過求於訓

詁章句之間其於文義不能無時有所蓋然大本之不究聖賢之心鬱而不章而又有顓從事於文辭者其去古益以遠經生文士自岐爲二途及夫措之當世施於事爲則又出於功利之末智力之所營若無所與於書者於是有異端者乘間而入横流於中國儒而言道德性命者不入於老則入於釋間有希世傑出之賢攘臂排之而其爲說復未足以盡古儒之指歸故不足以抑其瀾而或反以激其勢嗟乎言學而莫適其序言治而不本於學言道德性命而流入於虛誕吾儒之學其果如

是乎哉陵夷至此亦云極矣及吾先生起於遠方乃超然有所自得於其心本乎易之太極中庸之誠以極乎天地萬物之變化其教人使之志伊尹之志學顏子之學推之於治先王之禮樂刑政可舉而行如指諸掌於是河南二程先生兄弟從而得其說推明究極之廣大精微殆無餘蘊學者始知夫孔孟之所以教蓋在此而不在乎他學可以至於聖治不可以不本於學而道德性命初不外乎日用之實其於致知力行具有條理而詖邪淫遁之說皆無以自隱可謂盛矣然則先生發端之

功顧不大哉春陵之學舊有先生祠實紹興某年向侯子忞所建至於今淳熙五年趙侯汝誼以其地之狹也下車之始即議更度之爲堂四楹併二程先生之像列於其中規模周密稱其尊事之實旣成使來謁記栻謂先生之祠凡學皆當有之豈惟春陵特在春陵尤所當先者趙侯之舉知急務矣故爲之論述如此以告後之人四月戊寅承務郎直寶文閣權發遣靜江府兼管內營田事賜紫金魚袋張栻謹記

道州故居先生祠記 淳熙七年 章頴

一元之氣運乎機緘不露之間而自生自邑發達
萌動有聲者鳴有根者英雖未著形色莫不各具
條理及其匯刻鏤而衆巧畢陳推其由來不待深
習此二程先生之學所以擴充而益自光大者也
程氏之門咸謂程先生兄弟自十五六歲時已有
意聖學夫以地之相去南北之遠至其契合心手
相授此殆有以推移左右於其中不然則夫自漢
唐以來數千百年天之所以用力者猶有幾乎二
程先生以所得者曉天下孔孟之教絕而復續沐
其涯涘升其堂奧夫豈無有醇疵然淑諸人者深

貽之後也遠要亦可謂盛矣由是言之太極一圖
不爲秘通書四十一章不爲約仲尼顔子樂處一
語不爲不富也先生故居在營道頴嘗至濂溪之
濱見其耕饁者無慢容講學者有高趣周氏之松
楸弗剪焉自郡未新祠宇時士人胡元㝢已近其
遺址創舍設象懼其弗社以久也則又謀諸校官
與鄉之善士象郡文學何士先連山户曹義太初
孟坦中歐陽顴之思益大之言不約而同費弗强
而具七月朔始工再浹日而成太守趙公善言聞
而嘉之爲揭其祠夫春陵之人其於先生朝夕注

乎心目之間雖弗祠猶敬也況今奠拜之所弗臨而脩容有其地故事郡官以春秋祠旣列州庠俾弟子員徃展謁其先塋因復祠盍俾後此者知所景仰以修乎其身而風乎其邦則先生之所以望於後學者巳得而學者之於先生豈但斯須之誠而巳哉堂暨門爲屋二十四楹助費者姓名列之石之左

道州寧遠縣先生祠記 嘉定九年　魏了翁

嘉定九年了翁奉使東州爲濂溪周先生河南二程先生請所以易其名者詔下如章十有五年了

翁召還道九江謁先生故宅以元公之命書告後二年道州寧遠縣令黃大明以書來曰吾聞古之鄉先生歿而祭于社寧遠雖蕞爾邑而先生之流風未墜不可以無祠也子也學先生之道而尊其名麗牲有日將以識里人奉嘗之思子爲記之了翁嘗聞人道要有三曰父曰君曰師無父無生無君無以生無師猶無生也唐虞三代盛時民生於風氣之未漓又得堯舜禹湯文武周公爲之君師今其法度紀綱猶可槩見大抵合以井牧聯以比閭教以庠序導以師長維以諫救攷以德藝無一

壤一民不相聯屬焉正歲孟月之吉黨里社營之
會無一事一時不相警策焉夫然後教行俗成而
君師之分盡迨厲宣幽平已不能如成周之舊仁
壽鄙夭民自爲之爲君師者不及知也矧自是以
降乎曾子曰上失其道民散久矣當斯時而民之
散已二三百年則雖以孔孟之道而無位亦不能
聯屬而維持之然猶不忍吾之同體倀倀然如窮
人之無所歸也乃屬其徒類面教之近以淑其國
人子弟遠以垂諸天下後世民之久散者固已不
能遽返而爲士者猶有所屬則斯文不墜以俟後

聖猶將有望焉而天未欲平治也雖以孔門弟子
一再傳而失之況秦漢而後學殘文闕師異指殊
泮渙滋甚董仲舒嘗請諸不在六藝之科孔子之
術者皆絶其道庶幾統紀可一民知所從而時君
不足以行其説迨其後也才知之士各挾其所溺
以行於世不務記覽則淪虛無不爲權利則衒詞
采至是而不特民散士亦散矣不有先生發太極
本然之體明二五所乘之機而示人以日用常行
至近至切之理則異端小道將誣民惑世於無所
終極又非二程子張子推而大之扶持綿延以開

中興諸儒則先生之絕學又將孑然孤立矣猗歟盛哉然而至近世朱文公張宣公呂成公諸儒死士又合挾其所以溺於人者溺人而士之散滋甚記問學之末也今又非聖賢之書而虞初稗官矣虛無道之害也今又非佛老之初而梵唄土木矣權利誼之蠹也今又非管晏之遺而錐刀毫末矣辭章技之小也又非騷選之文而淫哇淺俚矣此宜憂世之士所以悼道之湮鬱而慨然有感於儒先之教象而祠之尸而祝之也然而民既散矣有士以屬之士既散矣終不可復屬邪有書以屬之

天命流行亘千古如一日先生能見孔孟之心於千五百年之久先生之書爛如日星家藏而人誦之豈無見先生之心而興起者邪先生初見二程使之求孔顔之所樂他日筆之於書曰志伊尹之所志學顔子之所學嗚呼得孔顔之所樂則必不以務記覽工詞章慕虛寂爲能也得伊尹之所以志則雖刀毫末之得失不足以爲戚忻也吾黨之士盍相與懋明此理尚庶幾士有所屬而不至失望焉資政殿大學士前簽書樞密院事魏了翁撰

重建先生祠記

龔維蕃

營道之西距城十八里有水曰濂溪發源於大江源匯爲龍湫東流二十里至樓田其鄉曰營樂其保曰濂溪廣横數百畝溪行其中雖大旱不竭周氏家其上即濂溪先生之故居也考其譜諜世居青州遠祖諱崇昌唐永泰中爲廉白二州太守因卜居道之寧遠縣大陽村其裔孫諱虞賓有子十二人中子諱從遠始徙于此再傳至諫議諱輔成登祥符八年進士第終賀州桂嶺令没葬于故居之側半里許累贈諫議大夫諫議生二子長曰礪次則先生先生少孤舅氏龍圖鄭公珦篤愛之始

冠奏以初秩既長從宦四方嘉祐八年先生自虔
移倅永有書與其族叔及諸兄云周與來知安樂
喜無盡來春歸鄉郎遂拜侍尋移文營道縣云有
田若干舊以私具爲先塋守者資族子勿預營道
給憑文付周興其後先生歸展墓題名於含輝洞
云周惇頤區有鄰陳廣蔣璀歐陽麗治平四年二
月十六日同遊道州含輝洞刻石於洞口是歲神
宗登極覃恩遷駕部員外郎加贈父諫議大夫以
手劄付兄子仲章令備酒菓香茶詣墳前告聞先
生晚歲寓九江愛廬阜之勝築室于溪上命名曰

濂溪示不忘本之意其留故居者付仲章及其從
弟意先生既沒仲章貧甚元豐三年及七年再拆
其產鬻於意之子伯順而故宅基尚存伯順死無
後其女以其地適何伯瑜生儕儕登第爲邕州教
官而卒至淳熙巳亥周與何欲拆其產鬮于郡守
趙汝誼閱營道所承永州公牘乃治平印文按驗
皆合用先生治命以田俾守塋者藏其籍於學宮
其故宅基尚屬何氏何氏之孫揖於淳熙十一年
以其地歸于意之曾孫興嗣書於劵云興嗣係諫
議宗族禀性純慈有志力教子以紹祖風其宅地

一與本人住宅相接今願盡將所承外祖周伯順元承祖諫議住宅祖地從東至西長五丈就賣與興嗣將來起造祠堂承外氏一派先魂庶幾亡者於里塾有所依托不絕春秋之奉前此未有先生祠紹興己卯五月太守向子忞始奉祀於州學之稽古閣編修胡公銓記之淳熙己未郡博士鄒尃遷於敷教堂壬戌太守趙汝誼以其偪仄更刱堂四楹并二程先生像南軒張公爲記庚子郡士胡元鼎與其鄉人何士先羲太初孟坦中歐陽碩之刱舍設像教授章穎爲記故居有祠昉乎此距遺址

十餘丈中隔小溪卑陋湫隘歲久不復遷至嘉定癸酉郡守方信儒訪求濂溪之裔得與嗣之子鑰以爲學賓丁丑之秋維藩被命入境延見郡士扣濂溪所向皆言今祠非故基其後訪於鑰盡閲畀世契券親至其地質於鄉鄰族黨始得其實溪流清泚地勢平衍岡巒丘阜拱揖環合其左曰龍山右曰豸嶺山川之秀實鍾於是乃鳩工度材一新棟宇命管道尉蔡則董其役經始於是歲十二月落成於明年之三月中爲祠宇設先生像其前爲堂四楹不侈不陋二齋旁翼兩廡對峙外爲臺門

高與堂稱左右二塾虛明敞潔以延學子又其外
爲都門繚以垣墻庖爨湢浴罔不畢具環以松竹
門外築道屬於山之趾於是規制始備而邦人嚴
事之意益虔自先生以故居溪名冠九江之寓宇
黄太史賦詩謂其用平生所安樂媲水而成名東
坡繼有作來者承其誤莫究所從至南軒張公晦
菴朱公嘗略辯證尚書章公來典教質以大富橋
記以爲此邦自有濂溪然亦弗深考今得其譜諜
契券始究源委當何氏以地歸典嗣預有建祠之
語迄今乃有成則廢興顯晦殆若有數而非偶然

著先生之學實嗣洙泗之統傳之伊洛浸以大顯
載在方册人知誦習凡轍跡所至今皆有祠而父
母之邦先塋所在乃因陋就簡於烝嘗不稱是烏
可以已故因其落成述其顛末用登載於樂石文
皆從舊不敢增損以淺其實庶以傳信俾覽者得
詳焉

濂溪故居祠堂記 元至正八年 歐陽玄

舂陵郡之西距城可十里有鄉曰營樂里曰濂溪
周子故居在焉左有山曰龍山其形蜿蜒如龍右
有嶺曰豸嶺岩石巉岈其狀若豸中爲平田有水

逶迤田閒澄徹見底卽濂水也其居舊制有堂三
閒門廡稱是堂塑周子之父諫議大夫像居其中
周子像居其右側司封郎中壽徽猷閣待制燾之
像以次侍坐周子之二子也在宋之代春秋二仲
以次丁日守令請祭聖元崇右濂洛之學追封周
子爲道國公祀事視昔加豐而故居湫隘歲久浸
弊祭畢飲福守令以下雜列門廡延祐七年邑人
熊偉調營道主簿嘗預祭列進里儒唐道舉而勉
之曰周子故居淪沒弗稱祠祀弗嚴君生其里可
坐視乎今以繕脩之責相屬君其勿辭道舉對曰

故居乃數歲有司輒一脩之因陋就簡飾故爲新補罅爲完而已吾欲異於是可乎主簿嘉其好義卽白之郡侯以公檄獎勵之道舉聚財庀土伐石陶瓦除其旁地斥大舊基崇臺三間立爲專祠以祀周子列先賢碑刻於其側後爲重屋上下皆施雙梁如廳事上設諫議像正坐旁設司封徽猷像坐東西相向下爲與祭官止息之所未及落成而道舉卽世後三年應詔復作東西序凡十間以畢先志未幾屬邑有警兵事方殷作輟若十餘年至正六年府判吳濬實來訪應詔竟成之應詔感激

於是繚以周垣祓以堅甓丹堊彰施新扁昭揭覩
制完美百倍於前爲屋大小內外以楹計者百四
十有奇然後每歲祀事籩豆有序斑次有位陟降
有儀徹俎而讌旅酬有所僕從列爲咸有芘賴乃
介士子浚儀趙君嗣隆奉事狀來請玄記之惟昔
商容商之賢人也周武王伐商有天下過其閭而
式之史書於册召伯布政南國聽民訟甘棠之下
南國之人爲詩以相戒曰蔽芾甘棠召伯所茇勿
剪勿伐夫商容一代之賢其所居爲時君之所敬
禮召伯一日之居其所止爲邦人之所愛護猶且

如是子周子上接孔孟之緒下開程朱之學有功
斯道昭被萬世其故居脩營是固王政之所當先
侯度之所當舉然贊府熊君諒於其始適守吳侯
濟於厥終唐氏父子實克繼紹是究是圖垂三十
年乃底成績其可無記載乎大德丁未戊申間玄
從先君子冀國公典教是邦歲祠屢造故居盖嘗
目擊而能言者乃記以授嗣隆俾歸勒之石以勸
方來云至正八年歲在戊子九月己酉記

道州濂溪田記 淳熙六年 章穎

郡既爲周先生建祠堂南軒張敬夫記之太守

閣趙公他日曰濂溪有先塋在獨無樵牧之扞乎
未幾有民周與何田訟者二十年矣與甲則乙訴
與乙則甲訴謂不得直公令有司以案牘來累日
吏抱持文書幾不勝至則公一攬踪撫几曰得之
矣蓋舊牘乃有濂溪倅永州時公牒云有田若干
舊以私具得爲先塋守者資族子當勿預苟墻垣
固松楸勿翦守者世獲弗易也共後守者𠹉周與
物故壻又代徙他處田周與何更有之周則先生
之族何乃先生所自出甥得有舅家田自有法以
永州公檄從事則周氏子固不得有況甥可乎辯

縣文書則有營道所給憑文付周與者用治平新銅符按舊是左驗皆合即取田之非永州文所云者以與何餘即從其初顧因休暇攷漫齋公其謂若前示所判數百言皆出前後數公意表即檄營道丞周必端往濂溪以田界近營者田籍與營道舊文同藏學宫歲以租倉升斗代輸省賦守塋者李得田耕終年不聞吏呼守縣宜釐且令先生江州後裔亦聞之先生學造太極先其爲先冢計宜遠歷百餘年始遇一賢太守遇亦難矣哉淳熙六年

七月望日南郡章穎記

濂溪小學記

趙櫛夫

出道州城西二十里曰濂溪保元公故居在焉未至十里許兩峰揷地門立甚偉扶輿兩峰閒平陸踈林雲巘如畫一水橫陳乃濂溪也溪南爲先諫議墓左龍山右豸嶺祭田在其下元公遺券猶存故居有元公祠令奉諫議以元公侑環谿數百家皆周氏子孫率學農圃郡守楊侯嘆曰此非鄭公鄉乎山川如此何其子孫以鄭公莊也迺命立小學俾知營道縣錢君寅翁經理之祠右有功德院葢周氏所爲奉浮屠者於元公家不類宜改院爲

小學聚周之子孫教焉議已克合乃易像設而俎豆之去其與言與教而詩書之爲齋二爐亭一水竹扶疏几席靜潔足以助發性靈洗凡滌陋擇端慤士爲之師亡幾何已有穎然悟者侯又益喜輟公田若干畝別儲以廩之予使粤之明年辟錢君爲屬侯寓書曰吾州濂溪書院既成上瀧奎畫以賜參預虞公辱戴筆焉敢以小學記爲請幸子勿辭謝不獲竊惟春陵以道名州而元公於是乎生天所命也令義理之學皆識宗祖而詩禮之教不逮子孫非長民者之責乎古者上自國都下至閭

巷莫不有學凡公卿大夫之子與民之俊秀者皆入學所以發其良知良能而復性焉耳故八歲入小學教以灑掃應對進退之節禮樂射御書數之文十五入大學教以窮理正心脩己治人之道肆成人有德小子有造以此具也記曰時過然後學則勤苦而難成今之時則過矣然性非自外來也臬養於蒙未進於漸循循焉毋欲速也勉勉焉毋自畫也待其時至氣化心開目明然後精以四書慱以六籍易通之誠神幾太極圖之陰陽動靜皆可拾級而進俗學稊稗也異學螽螣也惟毋以是

先錮其心教可入矣此侯所致意於周之子孫者而子孫之所當自勉也昔余景瞻守劒黄子耕守台皆能扶植先儒之裔然龜山故廬已不能保上蔡之孫至爲人所陵夷抑又微矣元公先疇幸無恙繇士而農去本未遠賢守令又從而振德之鋤荒墾良茗頴秀茁安知正考父之後無達人乎政惠有限教思無窮侯眎二公功相近而德則遠矣是宜書侯名名恭長沙人嘗爲國子博士治狀有聞擢持廣東憲節葢元公補處云

濂溪大富橋記　前人

道州營道縣西出郭二十里有村曰濂溪樓田保
元公故居實在焉未至故居二百餘步有水縈紆
隱隱如青羅帶者濂溪也溪之上有小石梁橫跨
乎青羅帶者大富橋也舊傳元公年十三時釣遊
之所其然豈其然耶余牧舂陵春秋行釋菜禮每
詣故居見童登斯橋者毋以釣遊籍口盍有得於
言外之意云咸淳丙寅七月

濂溪周氏世業田記　周子恭

濂溪先生祠有祭而無田其嗣孫襲翰林五經博
士有爵而無祿永州府知府唐公珽同知曾公承

恩暨通判子恭爲之謀得僧寺廢田百四十有八畝請於提學副使應公檟没入濂溪祠供祭祀且爲傅士常禄之需名曰世業田而屬記於予予惟濂溪之學以造化爲宗以無欲爲要在南昌時得暴疾幾殆視其家止一敝篋錢不滿百嘗以遷擢入京師不可爲資則鬻其産以行過潯陽愛廬山之勝築居於溪之上名之曰濂溪遂以歸骨焉是豈惟能忘物尚忘其身豈惟忘其身尚忘其家學而至於忘其身與家又何有於身後之祭不祭與其子孫之禄不禄哉而區區爲之謀若此者特以

崇德象賢之義報德報功之私無所於寄則藉是以見志可耳乃若效法先生之學以來內有諸己則固自有其處不在乎此也

附錄

江州學濂溪祠記 乾道二年　林栗 本州知州

始予讀河南程氏兄弟語錄聞茂叔先生道學之懿其後閱蘇端明黃太史所作濂溪詩而想見其爲人及來九江前武學博士朱熹元晦自建寧之崇安以書至曰濂溪先生二程之師也身沒而道顯歲久而名尊今營道零陵南安邵陽皆已俎豆泮宮江獨未舉顧非典歟予聞之矍然適會先生之曾孫直卿來訪敬請其象與其遺文併通書拙賦而讀之曰此之謂立言者也可無傳乎亟鋟諸

板而繪事於學宫使此邦之人知所矜式旣成將揭其號乃按其文字攷其所謂濂者其音切義訓與廉節之廉異矣廉之訓曰清也儉也有檢斂之義又如堂之有廉箭之有廉截然介辯之義也濂廉同其音似廉而不類又有里忝翻者含鑒翻者其訓曰薄也又曰大水中絕小水出也争異焉曰是安取此問其人曰先生之子求詩嘗直避其從父之諱攺焉嗚呼有是哉儒者之學本於文字義訓而謹於正名毫氂之差千里之謬不可忽也東坡云先生本全德廉退乃一隅因拋彭澤米偶似

西山夫遂卽世所知以爲溪之呼應同柳州柳聊使愚溪愚則固已不足於廉矣又將轉而爲濂則由儉以趨薄由清以絕物殆爲陳仲子之操乎地以人重人以名高因諱避之訛以成聲畫之舛遂使先生之德與是溪之名俱蒙薄絕之累將非後死者咎與予是以正之夫山川風氣民之所稟而生也故家遺俗民之所薰而習也先生之道傳於二程其所成就夥矣而廬山之下濂溪之上未有聞焉或由此也夫自今而後吾知九江之士淸而不隘儉而不陋辯而不爭嚴而不厲有檢斂之美

而不流於薄絕既以獨善其身又思以兼善天下見中庸之門戶入誠明之閫奧其必自是始矣先生名惇實避英宗廟之名改頤其官閥行治流風遺書則予蒲左丞所爲墓誌洎諸儒先紀述詳矣左無所贅其辭乾道二年二月二十六日嘗承議郎權發遣江州軍州事兼管勸農田事長樂林栗記

南康軍新立先生祠記淳熙五年　張栻

淳熙五年秋詔新安朱侯熹起家爲南康守越明年三月至官慨然思所以仰稱明天子德音者首

以興敎善俗爲務乃立濂溪周先生祠於學宫以河南二程先生配貽其書友人張栻曰濂溪先生嘗領是邦祠像之立視他州尤不可以緩子盍爲我記其意栻旣不克辭則以平日與侯共講者述之以復焉自秦漢以來言治者汨於五伯功利之習求道者淪於異端空虛之說而於先王發政施仁之術聖人天理人倫之敎莫克推尋而講明之故言治者若無預於學而求道者反不涉於事孔孟之書僅傳而學者莫得其門而入生民不克睹乎三代之盛可勝嘆哉惟先生崛起於千載之後

獨得微旨於殘編斷簡之中推本太極以及乎陰陽五行之流布人物之所以生化於是知人之爲至靈而性之爲至善萬理有其宗萬事循其則舉而措之則可見先王之所以爲治者皆非私智之所出孔孟之意于以復明至於二程先生則又推而極之凡聖人之所教人與學者之所以用工本末始終精析該備於是五伯功利之習無以亂其正異端空虛之說無以申其誣求道者有其序而言治者有所本其有功於前聖而流澤於後世顧不大矣哉歲春秋奉嘗編於學校禮則宜之而况此

邦嘗爲先生所領之地祠像久焉未設誠缺典也今朱侯下車未遑他議而首及乎此可謂得爲政之本矣詩曰高山仰止景行行止朱侯之所以望於來者豈不在於斯乎雖然栻又有說焉蓋自近歲以來先生之書徧天下士知尊敬講習者寖多而其間未免或失其旨妄意高遠不由其序游談相夸不踐其實反以病夫眞若是者適爲吾道之罪人耳夫惟淳篤懇惻近思躬履不忽於卑下而審察乎細微是則爲不負先生之訓其於孔孟之門墻庶幾乎可以循序而進也此又豈非朱侯所

望於來者之意乎

韶州州學濂溪先生祠記 淳熙十年 朱熹

秦漢以來道不明於天下而士不知所以爲學言天者遺人而無用語人者不及天而無本專下學者不知上達而滯於形器必上達者不務下學而溺於空虛優於治己者或不足以及人而隨世以就功名者又未必自其本而推之也夫如是是以天理不明而人欲熾道學不傳而異端起人挾其私智以馳騖於一世者不至於老死則不止而終亦莫悟其非也宋興九疑之下舂陵之墟有濂溪

先生者作然後天理明而道學之傳復續蓋有以闡夫太極陰陽五行之奥而天下之爲中正仁義者得以知其所自來言聖學之有要而下學者知勝私復禮之可以馴致於上達明天下之有本而言治者知誠心端身之可以舉而措之於天下其所以上接洙泗千歲之統下啓河洛百世之傳者脉絡分明而規模宏遠矣是以人欲自是有所制而不得肆異端自是有所避而不得騁蓋自孟氏既没歷選諸儒受授之次以論其興復開創汛掃平一之功信未有高焉者也先生熙寧中嘗爲廣

南東路提點刑獄公事而治於部洗冤澤物其兆足以行矣而以病去乾道庚寅知州事周侯舜元仰止遺烈慨然永懐始作祠堂於州學講堂之東序而以河南二程先生配焉後十有三年教授廖君德明至視故祠頽巳推剝而香火之奉亦惰弗供乃謀增廣而作新之明年即其故處爲屋三楹像設儼然列坐有序月日朔望率諸生拜謁歲春秋釋奠之明日則以三獻之禮禮焉而猶以爲未也則又日取三先生之書以授諸生曰熟讀精思而力行之則其進而登此堂也不異乎親炙之矣

又明年以書來告曰韶故郡士多愿慤鮮浮華可與進於善者蓋有張文獻余襄公之遺風焉然前賢既遠而未有先生君子之教以啓廸於其後雖有名世大賢來官玆地亦未聞有能摳衣請業而得其學之傳者此周侯之所爲惓惓焉者而德明所以奉承於後而不敢怠也今既訖事而德明亦將終更以去矣夫子幸而記之一言庶幾乎有以卒成周侯之志是亦德明之願而諸生之幸也廖君嘗以學講於熹者因不復辭而輒爲論著先生倡明道學之功以視韶人使因是而知所以用力

之方又記其作與本末如此使來者有考焉淳熙十年癸卯歲五月丁卯新安朱熹記

邵州州學濂溪先生祠記　紹熙庚申　朱熹

邵陽太守東陽潘侯燾以書來曰郡學故有濂溪先生周公之祠葢治平四年先生以零陵通守來攝郡事而遷其學且屬其友孔公延之記而刻焉其後遷易不常乾道八年乃遷故處而始奉先生之祀於其間既又以故府張公九成之學爲出於先生也則亦祠以侑焉於今葢有年矣燾之始至首稽祀典竊獨惟念先生之學實得孔孟不傳之

緒以授河南二程先生而道以大明然自再傳之後則或僅得其彷彿或遂失其本眞而不可以若是其斑矣乃更闢堂東一室時祀先生以致區區尊嚴道統之意今歲中春釋奠於先聖先師遂命分獻而祝以告焉以吾子之嘗講於其學也敢謁一詞以記之使來者有考而無疑也熹發函三復爲之喟然而嘆曰甚矣道之難明而易晦也自堯舜以至於孔孟上下二千餘年之閒蓋亦屢明而屢晦自孟氏以至於周程則其晦者千五百年而其明者不能以百歲也程氏旣沒誦說滿門而傳

之不能無失其不流而爲老子釋氏者幾希矣然世亦莫之悟也今潘侯如此乃獨深察而致謹焉道之明也儻庶幾乎雖然先生之精立圖以示先生之藴因圖以發而其所謂無極而太極云者又一圖之綱領所以明夫道之未始有物而實爲萬物之根柢也夫豈以爲太極之上復有所謂無極者哉近世讀書不足以識此而或妄議之旣以爲先生病史氏之傳先生者乃增其語曰自無極而爲太極則又無所依據而重以病夫先生故熹嘗欲援故相蘇公請刊國史草頭木脚之比以正其

失而恨其力有所不逮也乃今於潘侯之舉而重有感焉是以既敘其事而并附此說以侯後之君子抑潘侯學識之長既足以及此矣則又安知其不遂有以成吾之志也耶紹熙癸丑冬十月庚申

後學朱熹記

南安軍司理廳先生祠堂記 咸淳三年 陳宗禮

濂溪先生周元公祠堂無處不有發揮道統之傳而爲之紀述者簡編既富矣惟南安秋官廳實先生蒞官之所有斗棠遺愛存焉河南二程夫子遵父之命執經問道於斯得舞雩詠歸之趣至今猶

可想見於是焉爲之祠尤非他處汎泛遥敬之比
先是設像於官廨之門外也已不足以揭虔歲久
廨圯祠亦荒凉咸淳三年趙君孟適來守是邦因
地懐人欽崇惟謹迺先葺舊廨而新之奉先生像
於廨之左昔之頽垣敗屋轉而大楹傑棟過者起
敬善類忻躍乃走千里請爲文以記之竊惟官有
冗職事有精觕世變岐而二一之然有道君子不以
此加軒輊也理官以明刑爲職自謂較出入比輕
重於法律而性命道德之學爲無預焉間有置心
冲漠游意太虚實以察辭稽貌則鄙之曰是俗塵

也是吏職也吾何屑於是惟濂溪先生以光風霽月之標來任典獄防民之事旣不土苴厥職暇則與其徒講求天地萬物混而闢一而萬之理以脉絡乎聖賢千載之傳豈不體用並該本末具舉也乎遠稽正範固未易一一推然庭前之草生意我同水中之蓮淨植我似旣無一物非我則居官之際豈肯以人命輕用國法又豈肯上下其手以奉上官喜怒居是官也禮是祠也必盡心焉以廣天地好生之大德則往哲之風可紹而賢太守所以興起墜典不爲無益矣授筆而書何故不肅初鳩

工於四月辛未告成於七月庚戌爲費十萬錢

廣東憲司先生祠記　蔡抗

昔先師朱文公作濂溪周夫子祠堂記曰高極乎無極太極之妙而不離乎日用之間幽探乎陰陽五行造化之賾而不離乎仁義禮智剛柔善惡之際大哉言乎所以闡夫子精微之旨揭萬世義理之準也蓋夫子之學體用一源顯微無間上下與天地同流此豈淺近者所能窺而其見之行事則謹刑一節尤爲深切著明夫明刑以弼五教制政以教祗德自古聖人輕重毫髪必致其謹是固陽

舒陰慘仁柔義剛以輔教化之不及而好生之心流行不息同胞同體視之如傷於以全人性之天則於無極太極之本體亦豈有間哉夫子辯分寧不決之獄爭南安非辜之囚所至務以洗冤澤物爲已任至於詳刑廣東則仁流益遠矣天以春生萬物止之以秋聖人法天以政養萬民肅之以刑此夫子之秋肅夫子之春生也深溪萬初民死於石爲之臧硯而著令黃茆張空民死於瘴爲之緩轡而徐行鄉人候吏惟恐奔走馬蹄旗腳之或後而黠胥惡少則凜凜然如快刀健斧之將加仁之

充廣彤著如是夫淳熙間繡使陸公世良因民之
德公也祠于丹荔堂之側有年矣近憲司楊君大
異改祠於相江書院今周侯珣節是邦思葺崇之
遺首訪舊祠更以廢告侯怛然曰相江之祠學者
之通敬也而所主者敎司存之祠官守之常敬也
而所主者刑刑敎雖一而祠有不同夫豈可廢哉
亟命汛埽舊宇而謁至焉又慮規模湫隘不足以
揭虔妥靈遂闢地於官治之西偏以庶幾羹墻之
思且貽書俾抗記之抗學於朱子者也酌泉知脉
元公於抗有罔極之恩誼弗敢辭竊謂元公之祠

遍天下而司存一祠候獨以爲不可廢者何哉廣南十四州生民之命所繫也爲部使者旦而瞻是祠退閱未決之獄必思夫子之以剛得中以動而明敢不敬朝夕而瞻是祠退決非辜之囚必思夫子之中正明達燭及微曖敢不敬朔望瞻是祠退而心行乎一路之闇必思夫子不憚出入之勤雖荒崖絕島而念慮不可不到也敢不敬祠在是則敬在是敬在是則十四州之民命在是也祠可不復其舊歟此候之心也嗚呼候之心非特善一家之學將以開群心有體有用有微有顯之學也非

特爲曲江之地將以爲天下立心立命之地也蔚
乎百八十年之旣往侯旣有以續元公之道後乎
千百世之方來必又有以續侯之心相與引之於
無窮仁不可勝用矣侯名梅叟元公族孫也學行
爲世推重近歲以御史經筵召不至改外臺所學
所志未易量云

重脩濂溪先生墓記 正德壬申 廖紀

濂溪周先生墓在九江郡南十里許其境最幽勝
先生世爲湖廣營道人任南康郡守時愛廬山風
景不殊梓里築書院於山之麓時與二程先生講

道其間熙寧四年遷封僊居縣太君氏鄭母夫人窆於清泉社蓮花之岑越明年先生卒附於夫人之左夷考先生應五星聚奎之運崛起於宋天禧間毅然繼孔孟之緒倡道學之功泄造化之機發聖賢之秘歷吏治之事具載宋嘉定有封前人有錄朱晦菴有記胡五峰有序潘南豐有誌趙清獻公華有題辭見諸名世大儒手筆居多後學不敢復僭贅也嗚呼遡先生之墓肇自熙寧六年逮今五百四十餘年此墓委於蓁莽謁者多嘆息弘治二年九江前守慈谿童公集石修治聳然可瞻仰

正德辛未今守蔚州李公重爲繚垣增飭廟宇規制雖秩然而墓之碣碑尚罅馬鬣尚缺埏墜尚有凸凹渚潦芻蕘又或灌溉而蹂躪竊弊若此烏足妥先生神靈哉正德壬申春戶部主事靖州宋君來司國計謁文廟之明日往拜先生墓下因覽山川尋故老實謂瞻仰有像展禮有廟脩薦有廚環衛有垣供祀有田守祀有十三代孫倫者墓猶若此揆先生神靈或未安也由是宋君慨然任起廢之責捐公廩貿甓數萬傭工經營越兩月畢行釋菜禮告成於是罅者塞缺者完凸凹者夷灌溉蹂

躪者瀉而禁種種完固山川改觀足成廟貌而允妥先生神靈矣君有謂士有田第未贍厥子孫復劵置墓前田二十畝以贍守祀夫宋君是心也懷賢向道郎晦菴朱先生每歷郡縣輙訪先生祠墓汲汲表章而尊崇之使天下知聖賢道在天地自不少一日忘者歟嗚呼濂溪先生道在萬世崇比闕里亦不爲過但世之宦遊者舉因陋就簡習常安故如宋君之注意崇重者能幾何人繼自今始凡讀濂溪先生書仰其人當思踵其迹誦其言當思踐其行窮則身體先生所謂學顏子之學達則

力行先生所謂志伊尹之志相與勉之何患聖賢之道不明不行也哉謹書此以告來學云

表崇道學大儒墓祀疏　　邵寶

江西等處提刑按察司提督學校副使邵寶奏臣切照九江府德化縣南蓮花峰下有宋儒周惇頤墓其東北數里有濂溪書院亦爲惇頤建臣始視學至九江考檢誌傳特詣弔謁見得墓雖僅葺而書院久荒重興慨歎比者知府劉璣高友璣等因分巡僉事王啓等區畫委屬時加修理墓與書院漸次就完又奉巡視都御史林俊行布政使林泮等衆議於湖廣道州取其裔孫周綸前來守奉三四年間臣屢至弔謁起敬生慕大非舊比盖

聖明崇儒重道化被中外而監司守令奉行惟謹臣
竊慶之謹按周惇頤生于有宋上與列聖下啓羣
儒語其特貞而復元論其地大而將化開人之功
萬世永賴無庸贅述乃若九江之地生寓精神沒
藏體魄實與故里相類顧百年以來墓與書院久
廢初復而祀不在典誠爲未稱惟昔范文正公生
於蘇而葬於洛二處皆有祠祀崇名賢也岳武穆
王生于湘而塟于杭二處皆有祠祀崇名將也我
國朝於忠貞勳德禮數加隆至于如此識治君子皆
以爲當況道學大儒如惇頤者哉惇頤之後稱大

儒者曰朱熹貫於婺源產于建陽祠祭之典亦二處兼舉臣愚竊謂惇頤之於九江如婺如建當比其一今墓與書院既各理如故如蒙聖明重念周氏之學爲世宗師表章曠隆實繫觀望乞

勅禮部查檢朱熹婺源建陽事例就令書院賜以春秋二祭定式擬祝行令有司以時行事仍於鄰近無碍田内撥給數十畝以爲裔孫守墓之贍非特爲一方斯文之觀實天下萬世之幸也臣承之教事欽承奏

勅諭以崇正學爲要惟茲祀事實其一端雖懼煩瀆
不敢不請臣無任戰慄之至奉
聖旨是

崇先賢以勵風教文移　王啓

江西等處提刑按察司分巡湖西道僉事王啟呈
照得本職于弘治十五年分巡至九江府據本府
呈宋儒濂溪周元公世家道州因過潯陽愛其山
水之勝遂築書堂於廬山之阜今在德化縣五里
許山麓有溪發源於蓮花峰下合于湓浦潔清
紺寒先生濯纓而樂之因揭故里之名寓以濂溪

之號溪上有池種蓮花而愛之作愛蓮說揭於書
堂先生胸次洒落如光風霽月每與河南二程講
道其間庭草交翠而發吾與點也之氣象抽關啓
鑰默契道體卒孟氏不傳之正學絕而復續至今
仰賴然則作太極圖通書手授二程亦常于此地
至于其沒又塟于栗樹嶺下僅去五里許先生之
母與其二夫人皆塟其內則先生之魂魄固安于
是矣雖極崇奉如　孔廟闕里亦不爲過夷考載
典自宋郡守潘慈明重修書院文公先生爲之記
及文公守南康先生之子孫自九江府奉愛蓮說

墨本于文公則知當時曾有子孫至
國朝監察御史徐傑項璁按察司副使焦宏兩次修
舉今皆圮壞其子孫亦無一人爲守祀事及考其
宋道州舊立書院乃援九江賜額爲請今九江反
見零落俱無以奉先賢而光世道欲行修理書堂
并濯纓愛蓮光霽交翠四亭以致景行之私欲買
田數頃或量撥白鹿租穀數百斛請先生子孫一
人守祀未敢擅便等因備呈
欽差巡撫江西都察院右副都御史張　奉批據呈
崇儒重道至意布按掌印會提學議處停當差人

賞文湖廣布政司轉查眞派子孫勸諭前來同心
區處必在優濟繳隨准湖廣布政使司咨據永州
府道州營樂鄉四都里老何添成等呈依會勘得
周元公十二代宗子周賢男周綸長孫仕爵仕祿
的係眞派起送前來遂將德化縣德化鄉一圖民
田三十一畝三分陸地六畝一分發給養贍守祀

重修祠堂增置祭田記　傅楫

皇明正德辛未春予遊九江之匡廬山父老輩欣欣
然指顧曰脈廬而峰者爲蓮花峰頫峰而嶺者爲
栗樹嶺賓廬距峰之巔而肖主廟墓者營道周濂

溪先生也窆左母夫人鄭仙居縣君者從遺命也去墓不三十步有祠志銘顛末於祠之下著先生友行潘君與嗣也去祠七里有濂溪不他名而仍營道濂溪者先生不忘故里心也溪上築室榜以濂溪艸堂者先生來二程講道處也草堂撰記壽石者南康太守仲晦先生也厥土坂德化縣清泉社隸九江府相遠僅十里許數百年來兵燹繼至朝代交謝有墓無祠有祠無祀有祀無子孫奉守之我

國朝相傳一博士公僅奉守營道祠祀者弘治庚戌

浙東童公潮始置祭田越戊午陳公哲增置之高
一公友璣亦然癸亥都憲莆田林公俊始來營道博
士公求分派爲奉守主又明年提學副使錫山邵
公寶奏
准例朱仲晦兩下祀事自茲祠有祀有而奉守者兼
有之也祠如式祀額羊一豕一春秋行也奉守者
爲先生十三代孫綸其人也逮今又十年歲有常
祀祠宇不葺神將何棲奉守有人祀田浸廢額辦
胡自閒有二三君子雅重懷之或艱于歲時之不
登或阻于去就之靡常或緩于志力之不勇悲夫

正德庚午春新安汪公淵來同知府事明年春王
公惠以朝
覲北上與舉周克就公一日喟然歎曰我輩學者賴
先生指南明道德由禮義牧郡土位大夫此事不
爲更爲何事遽振衣而起相視墓所計工畚力附
山求材礲石樹墓大書濂溪先生四字刻于上深
近寸許復增置祭田如後數坵畝於碑之陰慇懃
斡旋其間不減家事嗚呼汪公之心其林邵諸公
之盛心乎綸徵記於予予不揣固陋特述父老公
論以實之俾後之君子苟克奮起是心者有所考焉

宋濂溪周元公先生集卷之九

吳郡十七世孫與爵重輯

古人詩

和周茂叔席上酬孟翱太博　傅耆

古人務樂善見士即推轂今也多忌才對面違賢蜀顧予嘗喜學幽室未偶燭幸會才翹翹深慚識碌碌升堂聽高論惟愁日景促經義許叩擊詩章容徙復荷公引重語玦璠變良玉一違几席來羲娥變昏旭遠聞落帽節賓朋相追逐剩摘籬下黃蘤飲杯中醁清談已忘倦佳篇又相勗畢力爲徒弟強勉攀高躅異時公行道其勢不可獨首願策

疲蹇恥公施蘊蓄舒張太平策散作蒼生福此心
答此惠庶幾不忝辱

題濂溪　潘興嗣

鱗鱗負郭田漸次郊原口其中得淸曠貴結林泉
友一溪東南來瀲灩翠波走淸響動靈粹寒光生
戶牖峩峩雙劒峯隱隱挿牛斗跡雲互明晦嵐翠
相姸醜恍疑坐中客卽是闕門叟爲歌紫芝曲更
擊秦人缶窅然忘得喪形骸與天偶君懷康濟術
休光動林藪得非仁智樂夙分已天有斵鼻固未
免安能混眞守歸來治三徑浩歌同五柳皎皎谷

中士願言與君壽殷懃復懇惻雜佩貽瓊玖日暮車馬徒橋横莫回首

贈周茂叔　　何平仲

及物人心稱物情更將和氣助春榮智深大易知幽賾樂本咸池得正聲竹箭生來元有節氷壺此外更無情幾年天下聞名久今日逢君眼倍明

同周惇頤國博遊馬祖山　　趙抃

曉出東江向近郊舍車乘棹復登高虎頭城裏人煙潤馬祖巖前氣象豪下指正聲調玉軫放懷雄辯起雲濤聯鑣歸去尤清樂數里松風聳骨毫

題周茂叔濂溪書堂　趙抃

吾聞上下泉終與江海會高哉廬阜間出處濂溪泒清深遠城市潔淨去塵埃毫髮難遁形鬼神縮妖怪對臨開軒牕勝絕甚圖繪固無風波虞但覺耳目快琴樽自左右一堂不爲泰經史日枕藉一室不爲隘有蓴足以羹有魚足以膾飲啜其樂眞靜正於俗邁主人心淵然澄徹一內外本源孕清德遊泳吐嘉話何當結良朋講習取說兌

茂叔先生濂溪詩呈次元仁弟　蘇軾

世俗眩名實至人疑有無怒移水中蟹愛及屋上

烏坐令此溪水名與先生俱先生本全德蕭退乃
一隅因挽彭澤米偶似西山夫遂即世所知以爲
溪之呼先生豈我輩造化乃其徒應同柳州柳聊
使愚溪愚

零陵通判廳事後作堂于以康功名之仍賦
鄙句　　知郡胡寅

政拙催科永陵守實賴賢良相可否邦人復嗣海
沂歌倉廩雖空閭里有功臣歸去朝日邊吏闢虛
堂得晝眠後圃好花初着土前簷新竹已參天雞
豚未飽軍須急赤子如魚釜中泣若知王業在農

桑國勢何勞憂岌岌酒闌四壁讀前碑吏隱猶勝五馬隨千古濂溪周别駕一篇清獻錦江詩此詩年表以爲五峯胡宏所作

題濂溪　天台林煥

我來濂溪拜夫子馬蹄深入一尺雪長嗟豈惟溪泉濂化得草木皆清潔夫子德行萬古師拔云廉退乃一隅有室既樂賦以拙有溪何減名之愚水性本清撓之濁人心本善失則惡安得此泉變作天下雨飲者猶如夢之覺

乙巳歲除日收茂叔武昌惠書知已赴官零

陵因偶成奉寄三首　蒲宗孟

歲除三十日收得武昌書一紙方寄遠數篇來起予瀟湘流水濁巫峽暮雲疎不得從容去春風正月初

想到零陵日高歌足解顏鄉閭接管道風物近廬山萬石今興廢三亭誰往還不知處與永二郡孰安閒

地與江淮近鄉人慰久暌重看斑竹淚還聽鷓鴣啼湘水晴波遠蒼梧霽色低不知春日靜何似在濂溪

山北紀行二首　朱熹

予以辛丑閏三月二十七日罷南康郡四月六日拜濂溪先生書堂遺像子澄請爲諸人說太極圖義先生之曾孫正卿彦卿玄孫濤爲設席於光風霽月之亭

北渡石塘橋西訪濂溪宅喬木無遺株虛堂唯四壁竦瞻德容晬踞薦寒流碧幸矣有斯人渾淪再開闢平生勞仰止今日登此堂願以圖象意質之巾几傍先生寂無言賤子涕泗滂神聽儻不遺惠我思

無疆

題濂溪先生書堂二首　　千越柴中行

有生同宇宙所欠好江山因自舂陵至留居廬阜間斯文傳墜緒太極妙循環希聖誠何事懷哉伊與顏

出城三四里矯首愜遐觀頓覺市聲絶忻從天宇寬康山書几淨溢浦硯泓寒一誦愛蓮說塵埃百不干

江上懷永倅周茂叔虞部　　任大中

監州永陵去遠日立江干煙浪三湘闊風帆八月

寒不聞求進路只見話休官種竹濂溪上歸因作
釣竿

濂溪隱齋　前人

溪遶門流出翠岑主人廉不讓溪深若教變作崇
朝雨天下貪夫洗却心

送永倅周茂叔還居濂溪　前人

君去何人最淚流老翁身獨倚南州隨君不及秋
來鴈直到瀟湘水盡頭

送周茂叔赴合州僉判　前人

帆風雪別南昌路出涪陵莫恨長緑水泛蓮天

與秀蜀中何處不聞香

濂溪謁周虞部　成都李大臨

簷前翠靄逼廬山門掩寒流盡日閒我亦忘機淡榮利喜君高躅到松關

留題濂溪書堂　度正

千載斯文儻可求暮春春服共行遊向人魚鳥都和樂滿眼溪山只恁幽

濂溪詩　宋太史豫章黄庭堅

溪毛秀兮水清可飯羮兮濯纓不漁民利兮又何有於名絃琴兮觴酒寫溪聲兮延五老以爲壽蟬

蛻塵埃兮玉雪自清聽潺湲兮鑒澄明激貪兮敦薄青蘋白鷗兮誰與同樂津有舟兮池有蓮勝日兮與客兢閑人聞琴音兮不知何處散髮醉高荷爲蓋兮倚芙蓉以當妓霜清水冷兮舟著平沙八方同宇兮雲月爲家懷連城兮佩明月魚鳥親人兮野老同社而爭席白雲蒙頭兮與南山爲伍非夫人攘臂兮誰予敢侮

濂溪識行　　雎陽魏嗣孫

兮得廬山水一溪濂名萬古合昭垂光風霽月依然在肯與人間較盛衰

濂溪雜詠二首　潘之定

當年太極揭爲圖萬有皆生於一無動靜互根誰是主試於靜處下工夫

濯纓潭上少徜徉手把通書四十章除却誠通與誠復更無一事可商量

愛蓮詩　朱熹

聞道移根玉井傍開花十丈是尋常月明露冷無人見獨爲先生引興長

遊濂溪辭　鄒旉

度營川之修梁兮遡其瀨而走西路平原之瀰迤

兮容飛葢而並馳行將半於一舍兮折而涉於荒蹊林漸開而阜斷兮隱約聞乎鷄犬亟引鞭而前望兮萃或苑而或茨逢翁問之奚所兮翁告予以濂溪闔民氏而皆周兮本其系之爲誰伊茂叔之故家兮自鼻祖而占茲後昆出於兵燼兮逢掖淪於牛衣諷先生之所復兮已乎莫之知也從先生之已遠兮曷慰乎我之思也雲山矗而崇崇兮豈絕塵之姿乎泉不激而泠泠兮抑絃誦之遺乎百世秀而不枯兮豈道之光輝乎少長羣而不嚚兮抑遺俗之未衰乎彷徨乎奚忍偭而去之途日暮

兮既去而猶遲遲幸頹垣與敗級兮存故基而未
夷還可耕者數畝兮昔帶經之所治森一丘之梧
櫝兮亦夙昔之所覬盍求其他而弗得兮尚矚此
而庶幾惟先生之蚤歲兮逢彼百羅奉親學於渭
陽兮仕謀歸而願違故湓江之所築兮忘此溪於
門楣何山谷之不審兮指蓮峯而實之病後人之
迷益遠兮曰廉與濂義殊而音聯妄取廉而增水
兮由媚容而請詩噫其本之不覿兮宜所言之皆
非吾聞南公之語此兮云權輿於唐之時元結之
刺道兮事率愛奇以潓涍與淔汸兮賁九泉而爲

題道人祖結故智兮溪得名之是依曰義殊而非
類兮奚沘涔之不疑曰音睽而無取兮滀與直亦
參差而不齊故濂者以德而媲水兮遠矣昔人之
所貽先生之桑梓兮他寓而是思何以療世之惑
兮寄鍼砭於此辭

宋濂溪周元公先生集卷之十

祭文

吳郡十七世孫與爵重輯

墓祭文

孔文仲

嗚呼童蒙之歲隨官於洪論父之執賢莫如公公年壯盛玉色金聲從容和毅一府皆傾公二永州嘗以旅見公貌雖衰不以憂患主簿江西公使於南視公如得豈進之貪二十年閒再覩長者雖云不屢意則輸寫廬山之麓是曰九江皆非土人來寓其邦此願彼期終爲鄰里如何今歸乃弔公子

嗚呼公之平生耻不明時壅培浸灌厥聞大馳有

文與學又敏政事絕令乃比伊傳自視出其毫纖以惠百城千里之足尋尺于征民瘵以療自病易州謂宜復騁遽掩一丘公之於人惇篤久長有志無年孰聞不傷况如不肖辱公知厚通家之寄中外之舊再拜墓下矢哀以辭情長韻短續以漣洏

南康祠祭

朱熹

惟先生道學淵懿得傳於天上繼孔顏下啟程氏使當世學者得見聖賢於千載之上如聞其聲如睹其容授受服行措諸事業傳諸永久而不失其正其功烈之盛蓋自孟氏以來未始有也熹欽誦

遺編獲啟蒙吝茲焉試郡又得嗣守條教於百有二十餘年之後是用式嚴貌像作廟學宮幷以明道先生伊川先生配神從享惟先生之靈實鑒臨之謹告

潭州遺祭　朱熹

維紹熙五年歲次甲寅八月巳丑朔二十有八日丙辰朝散郎秘閣修撰權發遣潭州軍州兼管內勸農營田事主管荆湖南路安撫司公事馬步軍都總管賜紫魚袋朱熹謹遣學生迪功郎道州寧遠縣尉馮允中致祭於濂溪先生周公於皇道體

沕穆無窮羲農既遠孔孟爲宗秦漢以還名崇實
否文字所傳糟粕而已大賢起之千載一逢兩程
之緒自我周翁淸瀟之原有嚴貌像欲覯無因徒
有悵望吏以毁告閔然於衷出金少府往佐其攻
爰俾諸生敬陳一酹先生臨之有赫無昧尚饗

濂溪祠祭　　王啓

洙泗迹逝大義乖違賢哲篤生文明應奎濂水之
源一倡月巖之光遂輝意思發洩於庭草道體灼
見乎精微闡百代圖書之秘啓千載人心之迷二
程從之道學復恢偉哉有功於聖門來今丕獲乎

依歸有祠翼翼享祀維時光霽如在庭以慰吾人仰止之私

濂溪故里祭文　寧遠雷復侍郎

生先生之鄉曠望乎百世之下履先生之墓慨慕乎百世之前前乎百世絕學賴先生以繼後乎百世斯文賴先生以傳生意猶存藹藹庭交之草春風尚在亭亭手植之蓮嗚呼廬山蒼蒼九江湯湯先生之風山高水長

祭道國公文　新建符鍾道州知州

嗚呼夫子之學誠立明通夫子之政和毅從容以

學以政敎萬世無窮者夫子之德之功予生千載竊仰高風不圖忝守茲土獲登夫子之堂拜夫子之貌而覩夫子後嗣之雍雍嗚呼乃知聖脉千古攸鍾予生不敏叨此官守恒切衡衛尚賴夫子大啓我聰俾弗迷於政以免夫鰥痌

謁元公祭文　　廬陵陳鳳梧 湖廣提學僉事

道在天地太和元氣公得其全中正純粹體用一源隱顯無二上探羲農以承洙泗二程授受實大其傳斯文再闡如日中天睠維舂陵公之闕里祠像儼然雲仍伊邇幼讀圖書長而無似幸叨公鄉

領諸教事瞻望光霽五年於茲展謁之始如如寀斯
蘇愛蓮有亭濂溪有水維公此心千古如是敬采
泮芹奠於祠下公其臨之佑茲文化

謁元公祭文　嚴陵曾承恩　永州府同知

天地之道具於吾心先生先覺覺我後人三代以
還道喪文弊或矯矯以立名或棲棲為祿仕或覘
覘乎註疏或嚣嚣然媚世空言濫觴真道之棄一
節雖高於世無濟先生盡復究其根領博學力行
自我立命道苟可仕不辭蔭補官可濟民葺心書
簿久速仕止步趨　先師圜範曲成不識不知或

者以先生之道在乎太極不知先生道大光明不在於圖而在於躬行有素也不然未能孚於時何以垂於後未能行於人何以質諸天地觀其吟風弄月優游閒居圖書之秘易簣方示或又以先生之學由靜入門嗚呼先生終日行之未見一語於及門之徒夫何言哉先生眞獨得孔氏之傳也夫承恩愚陋竊祿玆土幸登故里實切瞻依羹牆寤寐川遊雲馳特牲醴酒聊表仰思

謁元公祭文

吉水周子恭　永州府通判

仰惟先生遯世之聖不由師傳粹然至正仕苟爲

貧雖小官有不辭學苟爲道雖人不知而無悶道德性命之藴僅見於圖書而其無言不盡之教卒莫窺其兆朕從容和緩之色僅覩夫光霽而其行藏屈伸之妙卒莫測其淵深當是在門惟有二程先生不强人以未到惟開其説而不竟既而二程有得自稱體貼尚不歸功於先生之門而况於修飭之士章句之儒又烏足以知其眞乎 子恭自幼學道既壯無聞虚負歲月良愧此生幸而不死之良耿耿猶存數年以來究先生之歷履探先生之爲人而希慕一念若有捘而揠之者 恭亦不自知

其所因也今者拜官在永得踐先生之位巡歷在道復造先生之庭情切瞻仰特致酬薦嗟夫蓮草俱在風月傳神先生之教曷其有磬子恭而苟不惰於向往之志焉往而非先生之所陰佑而默成者哉先生有靈尚鑒斯文

謁元公祭文　武進唐珤永州府知府

惟斯文之興喪實與世之汙隆慨微言之既絕紛千載而靡蒙諒有開其必先逦豫徵於星聚繄夫子之挺生蓋早成而默契極精蘊之沉郁肇啓鑰於圖書言有至而弗盡意獨得而有餘若太明之

始升夜冥晦而復旦若多途之迷方指大道而羣
鄉昔仲尼之眞樂惟顔氏其庶幾乃夫子之光霽
歷異代而同歸某也蚤服膺於聖教幸假守於茲
邦覩河洛而思績入魯阜而升堂嗟庭草之已宿
覽風月之慨然聊寄辭於一奠邈景行於前賢

謁元公祭文　　太和王宗尹永州府通判

公之學以無欲爲功以無極而太極爲宗自修自
誠自明自信益有聖人之德闇然而不欲以自見
也是故趙淸獻當時名公也猶不能識之於一時
伊川及門高弟也且不能識之於終身其他可知

也巳昔孔子贊乾之初九曰潛龍勿用龍德而隱者也不易乎世不成乎名遯世無悶不見是而無悶樂則行之憂則違之確乎其不可拔潛龍也公寔有焉宗尹修行矯名淺中揚巳不足以議於公之學也然一念不死嚮往有期神固有知啓我荒迷

謁元公祭文

萬安蕭文佐 永州府通判

竊惟聖賢之生每須眞元之會蓋將以啓時運之隆續道統之墜孔孟既沒聖遠言湮而我元公篤生於舂陵舜塚之墟九嶷嵂崒瀟水漪而靈發鄒

會者再見於斯則造化之培其始也有聖之資旣
孤而依彼龍圖公二十年涵養積盛乃自得師撰
圖著書心學是究波衍程朱萬世領袖文佐鑽仰
終身竟末之由然而歷古虔登嶧孤於分寧遵其
跡於湓浦則於公受授之次嚴恕之施實垂緒於
洪都屬土是故得以竊聞其一二乃今以公之官
入公宅里玩月巖味聖泉瞻拜高風似於公有親
就之緣噫道本無聞心切追蹤祭拜惓惓願廸顓
蒙

謁元公祭文　　顔鯨湖廣提學副使

皇帝即位之二年是爲隆慶戊辰慈谿顔鯨視學楚藩以六月庚辰行部至于湖南由永郡竣事趨郴州道出春陵謹齋祓用牲釋奠於

宋大儒周元公濂溪先生之祠曰於呼先生生千載絶學之後而能超然黙契聖人不傳之秘主靜兩言無欲一要直截易簡昭如日星於乎小子乃茸以形骸爾我之私勞勞焉終身戰於煩惱醉夢之塲眞先生之罪人也修之則吉悖之則凶心爲太極汝將焉從聖凡平等天地同宗敬迹斯言用告群蒙而以質夫先生尚饗

謁元公祭文

汝陽趙賢

維萬曆二年歲在甲戌三月丙子朔越二日丁丑巡撫湖廣等處地方兼贊理軍務都察院右僉都御史後學汝陽趙賢以巡歷至道州敬爲牲醴香帛之儀謁奠

元公周濂溪先生祠下而致辭曰先生生三湘九疑之間當聖遠言湮之後乃於斯道不由師授獨契本原圖説易通闡幽發秘固羲文孔顏千百年心法之傳也蓋其所謂豪傑之士士無待而興而其言雖聖人復起不能易者也賢蚤歲讀其書玩

其旨而想見其人餘二十年矣頃有天幸過其故里訪其遺居適濂溪營水之源覽龍山豸嶺之勝池蓮庭草霽月光風若或親炙之也豈非生平希奇之覯哉顧賢役役焉日從事於口耳之末簿書之煩茫乎此心靡有得也謁先生之祠瞻先生之像猛然有深省焉能無愧乎能無懼乎以先生之靈而鑒於賢一念嚮往之誠亦將有以默啓之而俾不終自棄已也敬奠先生不勝景仰尚饗

祭文　東郡丁懋儒

維

萬曆三年歲次乙亥二月庚午朔越二日辛未湖
廣永州府知府丁懋儒謹以香帛之儀致祭於
宋濂溪先生周元公之神曰儒生也晚幼承家學周
公而上孔子而下布在方册者靡不殫究間入曲
阜謁闕里周封孔堂如克見聖經鄒嶧山拜孟祠
下而巖巖氣象若酬酢焉先生生於舂陵去中土
數千里恨不能至其地以見若曲阜鄒嶧名山大
川考斯文之肇起也客歲補永郡訪故里讀遺集
景嚮滋甚積誠既久敢申虔告儒向有知弱冠後
博求佛老之書兀然靜坐窮日夜之力謂庶幾有

所啟發然若空長生皆未免有意則求之先生之言而有悟質之六經孔孟無弗合焉不外人倫日用而通乎性與天道不落言語文字而非遺脫世事不必求諸外物而在我無所不有但當隨處體認而功效自然斷不可誣則先生之謗我已非一日深愧夫未之有得也竊怪乎學先生者高明多求速化沉潛不免牽滯則所以印先生之心飲先生之醇紹先生之統世豈無若人乎儒不能無感於斯惟先生鑒只尚

饗

謁元公祭文

德安何遷

先生之學妙契先天圖書之著大道彰焉以繼往聖以開後賢渾淪再闢永衍正傳廬山之麓祠墓森然春秋祗薦儀典相沿夙志聖學仰慕有年兹倅是郡益激惓惓卜吉展拜薄陳豆籩誰其配之明道伊川嗚呼先生往矣神弗俱湮冀牖我明冀鑒我虔尚饗

書院開講祝文

趙崇憲

孔孟既沒天其將喪斯文乎斯文之未喪則我先生發揮講明之功也廬阜之麓濂溪之湄先生之

書堂存焉像塑僅設室宇湫隘無以興起士心先

生之道殆猶欝而未宣也崇憲奉

天子訓辭來守此邦用敢度其堂宇之左偏廣築爲

學舍二十六區蓋將選邦人之俊秀者朝斯夕斯

以茂明先生之業惟先生陰惠我多士相協厥居

克昌斯文豈惟予末學丕遂徯志冀時人材輩出

將越我　國家萬年實嘉賴之

祭文

惟公闡明道學上契古先指授圖書下開統緒功

紹六籍名垂兩閒體魄攸藏光霽如在茲惟仲春秋

薦事有期　國典肇稱司存是寄駿奔敢後嚮往彌深

刻濂溪集跋

先生於營道而卒於江州故郡世有先生之墓祀焉或者謂先生貧不能歸遂終於此非知先生者也先生雅志林壑不爲世故所窘束凡遊

歷所在遇佳山水輒盤桓數日而忘去留當時請移南康軍也亦以此嘗過江州止廬山之麓酌溪水而甘之即不忍去遂構書堂而揭故里之名名之觀其語友之辭移太

君夫人之窆宅幽江上則先生書揭於此室皆預定之意也豈爲貧之故哉貧固先生所素安也嗚呼先生平生所歷山水多矣而平泉莊雅構直與蓮花峰對焉則知廬山

之高溪水之清動靜循環相
爲流通而不窮者皆先生之
神之所寓也然則天作斯山
得人非有所待而能神是集
之刻所以載先生履歷之詳
而并繫之以文文也者所以

刻宋濂溪周元公先生集跋

道之大原出於天天不愛道每垂象示人而惟聖賢爲能契其妙葢因時以爲之顯晦者也故河圖出而伏羲生易斯成焉洛書出而神禹生疇斯敘焉世之論道統者僉謂自堯舜以來幾絶復續孟子而後千五百餘年能筆圖著書繼往聖開來學者元公一人而已然不知公崛起舂陵月巖垂竅窔然無文之圖先天秘奥天實示之於時五星既麗於天復化生五墩繞宅里以應五星之象是天有至粹地有至精元公實應期而生是爲至人三

才相待以有成其理信不誣也植自髫齓知學已切景仰及倅永理刑事值寅長會泉王公守齋邵公峴南紀公咸邃於理學仰公道德實出同然癸酉冬植權視州篆得造公故里遡濂溪躡月巖想像其光霽實不以謭劣自安鋭意崇重前所有五星墩者久已淹没居民因捐金恢之里有祠一層於禮制尚有未備也復市近宅田大拓其址鼎爲營繕新以重門繚以周垣祠後增以重室旁則翼以宿齋所丹堊彰施視昔倍異又以公之道雖昭揭日月然匯集胡傳四方之士有慕公而不獲游

公之里者又何所觀法也乃命拾公家乘若干篇並鄉達東川蔣公得之九江者亦若干復與蘭亭黃公日洲呂公㽘洲陳公暨諸鄉先生考訂成帙壽梓用廣其傳時撫臺趙汝泉翁以巡行過其里亟陳詞致薦以抒素仰而守道郭草塘翁廵道邊少微翁偕與焉皆義植所爲且以公之絕學屬望於鄉之後人於是乎自公殁五百有餘歲矣植偶欲與起其道傳而當世名碩如諸公者乃不謀而自合如此得非景運重開道之在公者將大明於

世啟佑我

國家無疆之祚矣乎書成喜熾彊贅數言以紀時之
勝云
萬曆二年甲戌春三月本府署道州事推官崔植
撰

周元公世系遺芳集卷之十一

目録

道國周元公世家

紀勅祠故址

崇本堂記　大學士王直

題濂溪先生崇本堂後誌　後學韓雍

宋先儒諫議大夫遺像

諫議大夫事略

諫議大夫諱輔成字孟匡其事實已詳元公年譜山陽度正著宋代有專祠公孫同堂春秋享祀亦詳載

國典并歐陽玄誌中俱不多贅祗錄入鄉賢祠傳附左

宋周輔成元公之父世居營道之濂溪大中祥符八年蔡齊榜進士所歷多善政終賀州桂嶺令以元公貴累贈諫議大夫　載永州府道州誌

周元公世系遺芳集卷之十一

吳郡守祠奉祀孫輿爵　編輯

國朝免役詔

謹按

皇明資治統記於

國朝正統元年始設提督學校官員各省設按察司副使或僉事各一員南北直隸監察御史各一員

請

勑專一督免聖賢子孫差役

詔凡先聖子孫流寓他處及先賢道國公周惇頤豫

國公程顥洛國公程頤溫國公司馬光徽國公朱
熹之嫡派子孫所在有司俱免差役
國朝追配啟聖祀典附臺臣題請奏文并禮部移咨
直隸蘇州府爲三楚儒先輿論有定祀典獨遺懇
乞
聖明俯賜一體從祀以重本源以隆文教事掌
欽差整飭蘇松常鎮兵備按察曹　案驗會同
欽差督理蘇松常鎮糧儲水利參政彭　案驗奉
欽差巡撫兵部右侍郎兼右僉都御史趙　案驗前
事准

禮部咨該本部題祠祭清吏司案呈奉

巡撫湖廣等處右僉都御史郭惟賢據湖廣布政使司左布政李得陽按察司按察使詹貞吉會呈奉臣批據道州署印永州府推官李朝宸申稱宋儒周惇頤父輔成名重制科行重士論據闔州士民呈請相應從祀躋配啟聖公祠緣由到院據此該本院看得先儒周惇頤開有宋道學之傳爲三楚斯文之祖其父周輔成誌稱其居官有善政以賢祀於鄉及查程朱二先生俱得推崇於所生在從祀之列而輔成猶然未與良爲缺典事關題

請仰道詳查輔成功德行誼應否比例從祀以慰士民之請覆實通詳以憑會題施行等因奉此依奉行據永州府呈據道州申稱行據本州儒學申據通學廩增附生員黃廷試楊仲仁楊大正李應奎等呈查勘得周元公父考周輔成於宋之祥符八年登蔡齊榜進士所歷多有善政終於賀州桂嶺令至治平四年加贈諫議大夫享祀鄉賢歷年久遠及查程子父程珦官終大中大夫朱子父朱松官歷尤溪尉知饒州查得弘治年間學士程敏政上疏言治天下以祀典爲重孔子功在萬世顏曾

思孟配享在殿而父在兩廡非以明倫宜別立一
祠祀叔梁紇而以顏無繇曾點孔鯉孟孫氏配享
時尚未見舉行又查得嘉靖九年大學士張孚敬
建議蒙
賜立啟聖祠祀叔梁紇稱啟聖公孔氏神位以顏無
繇曾點孔鯉孟孫氏配享俱稱先賢某氏神位以
程珦朱松從祀俱稱先儒某氏神位是皆一時義
起之禮元公父考如蒙轉詳題請誠爲聿隆道學
之盛事也等情呈學申州據此該州事本府推官
李朝宸看得宋儒周惇頤之父周輔成名重制科

宦遊桂嶺州誌稱其歷官有善政而從祀鄉賢則其爲人蓋居焉足以表正乎鄉閭仕焉足以康阜乎黎庶是誠士林表表者也躋配啟聖殊爲不忝再查程朱之父俱以嘉靖初年從祀啟聖而當時偶遺輔成夫

國家恩典功在一時者恩猶及祖考而惇順功在萬世乃後人從祀不推及其所生非所以彰我

朝崇儒重道之典且今士民歷數從祀莫不快程朱之享報至於惇順獨不見其親之神位其不扼腕而噓唏者鮮矣此誠天理之在人心不容泯滅者

也順人心之天理奉
國家之盛典廣推恩之大義報垂世之偉功即使志
行泯然一無見聞猶當從祀況其懿行可稱者乎
合無俯從轉達題
請躋輔成從祀
敕聖斯文幸甚人心幸甚等因到府據此該本府署
印同知張守剛看得先儒周惇頤父輔成據起家
則名登甲第語宦遊則績著專城有志行以推重
於桑梓肆祀典以崇報於鄉社是誠先儒之可述
允爲後學之共欽況其篤生眞儒倡明絕學使天

下後世得尋孔孟之眞傳是功雖不在於其身實於其子揆之顏孟因子及父之義顏孟之父稱先賢而配享則周惇頤之父自應稱先儒以崇祀等因呈詳到道據此該

本道命　看得程朱爲宋室醇儒而其源則出自周濂溪程子之父珦朱子之父松俱於嘉靖年間以子之故從祀　啟聖而尚不及周子之父輔成豈非鉅典父以子重非甚不肖亦宜從厚況珦松固賢而輔成以進士起家宦遊有善政鄉賢有明禋入品蓋不在珦松之下木本水源程朱之父既

得邀殊恩於前情同事類濂溪之父亦得修
盛典於今此崇儒重道眞贊揚風美之急務也合無
俯賜題
請將輔成牌位躋入
啟聖祠中與程珦朱松併得從祠等因奉批據議事
關從祀重典仰布政司會同按察司覆議詳報奉
此隨該
本司李　會同
按察司詹　覆議看得重道崇儒乃
朝廷馭世之大典表往風後亦有司易俗之微權矧

先儒周元公惇頤續千載理學之正傳而其父諫議大夫輔成啟百代人文之道脉今嗣其學如程朱二先生反得推崇所生祀之　啟聖輔成生有惠政歿有榮名僅僅俎豆於其鄉詎非數百年之缺典歟及照褒前録後禮制固宜查得正統年間順天府推官徐郁曾奏復其家已荷

俞允今獨不可追祀其先以風勵後學乎似應如議

題

請從祀　啟聖呈詳到臣據此該臣會同

巡按湖廣監察御史徐兆魁議看得道有開先禮

隆報本周惇頤起宋天禧年間默契道體首倡正
學於聖遠言湮之後俾孔孟道脈斷而復續迄今
太極圖通書學士家尊之與六經等其有功於斯
世甚大而推遡篤生之自則其父周輔成也人因
道重惇頤已在從祀之列父以子崇輔成何獨遺
啟聖之祀況程朱之學皆本自惇頤眞傳而二氏
之父如程珦如朱松先於嘉靖年間伏荷
賜允從祀廟食百年矣輔成歷官有善政居鄉稱鄉
賢方之珦與松其好修行誼以表鄉閭同其篤生
哲人以維道脉同論賢宜比肩而合席論功當祭

川而先河廼珣松久祀於廟與顏曾諸氏均禋而
輔成止祀於鄉未獲同珣松配食此非所以隆報
稱而昭大公也事有崇於儒先而實關於世教典
偶缺於往昔而實待於
明時稽之士論僉同非徒光借俎豆惟是斯文一體
自當推報淵源臣叨役地方不敢拂輿論之公不
舉泯往哲世德之休光不揚既經司道勘議前來
相應題
請伏乞
勑下禮部再加查議如果臣等所言不謬查照程珦

朱松事例進周惇頤父從祀 啓聖廡海内人士

仰見

皇上崇儒重道之典於前有光而礪世磨鈍之意永

之不窮矣等因又該

巡按湖廣監察御史徐兆魁等題同前事俱奉

聖旨禮部知道欽此欽遵通抄到部送司查得

大明會典嘉靖九年令南京國子監并天下學校各

建啓聖公祠祀叔梁紇以顔無繇曾典孔鯉孟孫

氏配程珦朱松蔡文定從祀蓋從輔臣張孚敬之

請也又查得

大明一統制內開周輔成道州人世居營道之濂溪
登大中祥符八年進士歷官多善政終於桂嶺令
累贈諫議大夫子惇頤今該前因通查案呈到部
看得巡撫湖廣右僉都御史郭惟賢及巡按湖廣
監察御史徐兆魁會題乞要將宋儒周惇頤父諫
議大夫周輔成從祀啟聖公祠一節爲照道以人
傳父因子重自古然矣我
國家崇儒重道欲以敦化明倫故既以程顥程頤朱
熹從祀於孔子廟庭而又以程顥程頤之父程珦
朱熹之父朱松從祀於啟聖公祠無非推尊道學

之源顯示扶世立教之意典固甚鴻鉅而義亦至深遠也然考自微言既絕而首倡明斯道者周惇頤也其篤生賢嗣而俾有功斯道者周輔成也有輔成爲之父而後有惇頤爲之子有惇頤倡之先而後有程朱繼之後道一源流學同乎溯追本窮源宜其重則俱重祀則俱祀也乃程朱二氏既得因子而推恩於其父而輔成一人獨不得以父而食報於其子當時議者豈以從祀者在著述而輔成尠所闡繹歟及查輔臣張孚敬申明程敏政之說曰臣竊觀聖學失傳千五百年至程朱出而後

孟氏之統始續則程朱之先亦不可缺况程子之父封永年伯程珦朱子之父謚靖獻公朱松其歷官行已俱有稱述臣愚乞將程珦朱松從祀啟聖祠此當時珦松從祀之由亦不過論其賢而已初未嘗及於著述何如也今觀永誌輔成名高甲第望重鄉評善政屢徵於宦遊令德累沾乎贈典想其爲人固亦闇然自修而有日章之實殆非歿世不稱後世無述者即與珦松較隆比例何多讓焉是以三子而論則昔之善教者重在父均有得於義方以三子之父而論則今之從祀者重在子不

專在乎著述若輔成者雖
賜之以贈謚允宜而列之於俎豆奚忝今珦松儼然
從祀巳久而輔成不預並侑之列委爲缺典旣經
該處撫按會官詳議具題前來似非出於一人之
私臣等博採史傳廣加諮詢深見協乎輿論之公
相應將輔成
准其從祀啟聖與珦松一體追崇庶足以慰先儒尊
親之望而對天下好德之心謹據實覆請伏候
命下臣等查照從祀禮儀開坐另題施行等因萬曆
二十三年七月十七日禮部尚書兼翰林院學士

范謙等具題二十日奉
聖旨是周輔成准從祀啟聖祠欽此欽遵擬合通行
爲此合咨前去煩爲轉行所屬照依程珦朱松等
主式造辦木主選吉期各處有司正官用綵亭鼓
樂等項迎主至啟聖祠捧安於先儒程珦之上安
畢仍備祭品告祠祭告於
啟聖公行禮如常儀施行等因准此擬合就行爲此
案仰本道官吏照依咨案備奉
欽依內事理即便轉行各屬一體欽遵查照施行各
具遵行緣由繳查等因奉此擬合就行爲此案仰

本府官吏照依案驗內事理即便轉行各屬一體
欽遵查照施行仍各具遵奉緣由徑報查考等因
奉此擬合就行爲此帖仰本縣官吏照帖備奉
欽依內事理即將周輔成照依程珦朱松等主式置
備木主選擇吉辰該縣正官用綵亭鼓樂等項迎
主至本縣儒學
文廟後啟聖祠捧安於先儒程珦之上安畢仍備祭
品告祠祭告於
啟聖公行禮如常儀施行等因仍即會同吳縣一體
遵行逐一完備申報

本府以憑擇吉迎送府學
文廟後啟聖祠中安位完日即具遵行過緣由徑自
申報
撫按二院　兵糧二道查考仍申本府知會施行俱
毋違錯未便須至帖者
右帖下長洲縣准此
萬曆二十三年十二月　日吏丘從周
帖　押

配享府學啟聖祠祭文

維
萬曆二十四年歲次丙申二月辛卯朔越初九日
己亥之吉蘇州府知府孫成泰等欽奉
皇命謹以牲醴之儀致祭于
宋先儒諫議大夫周輔成之神曰惟天愛道篤生
哲人抱粹顯懿爲宋名臣挺誕大儒羽翼聖眞發
揚秘奥理學聿新寔啟程朱功烈竝臻未崇昭報
特焕
帝綸配享　啟聖列於明禋推恩所自俎豆是陳永
垂盛典千古恪遵尚　饗

配享縣學啟聖祠祭畢口占　江盈科

聖朝崇道重儒先特煥　綸音降九天從祀校黌尊
諫議追隆禮樂念眞傳斯文未喪遺千載道脉重
光肇百年彛典幸逢　明盛世推恩所自配諸賢

上祖諫議大夫配享啟聖祠喜而謹賦

鳳闕巍峩雨露新　聖恩良沃宋儒臣　冊宸特諭
追賢詔黌校傳宣煥　帝綸崇祀百年沾配享明
禋千古恪遵巡累沐　國朝崇重典寒微均被
上皇仁　十八代孫希孟百拜題

道國周元公世家

元公與諸賢並列於人物則繼往開來之功當亞於孔孟非夫人所可儗倫也故法太史公作世家示尊也公之書已行於世與六經四子並傳其雜著詩文有濂溪大成集詳載前卷四世孫興裔扈蹕南渡奏立元公祠於吳縣胥臺鄉子孫遂留吳焉嗣後累世出仕治政事績輯録於後

紀勅祠故址

元公舊祠四世孫興裔奏請勅建於吳縣胥臺鄉春秋享祀歲久傾圮至元盛時復建於故址至正兵燹復燼數十年莫能修舉祀典隨曠迨正統元

年十一世孫浦始構家廟名曰崇本堂中祀始祖道國元公神主武功以下歷代考妣序列左右子孫時薦在長洲縣東城利字一啚大學士王直有記

崇本堂記

崇本堂者周浦所作祠堂之名也祠以祀先昔之作者未有名今名曰崇本尊祖也萬物本乎天人本乎祖古者卿大夫士必有廟祀廟制不行於是而有祠堂取尊祖之義以名之使爲子孫者仰而望俯而思油然興其孝敬之心亦君子之所可者

也周氏之先居汝之安城晉太康中有諱浚者都督楊州又徙家秣陵其後子孫衆多散處遂昌浦城營道代有顯人營道之族有輔成者登宋進士第爲桂嶺令實生先生封道國公謚曰元先生嘗過潯陽愛廬山之勝攜長子壽家焉壽之孫興裔官至武功大夫和州觀察使領侍衛馬軍都虞候駐劄平江請立先生祠于吳縣胥臺鄉道山之左武功與金人戰没於福山勑葬虞山東麓子孫世守焉宋世祠廢有元盛時浦之曾祖松江監稅文英復建祠於故址監稅卒于江浙行省照磨南奉

祔於道山子孫因家蘇城中至正兵亂祠又燬焉浦之父長洲教諭敏嘗欲重構而力不逮浦與淵奮欲成父志淵出為遂昌令滿九年銖積寸累得餘俸若干欲以修祠堂歸錢塘而卒浦極力營建崇本堂於正寢之東中祀先生武功以下置列左右凡器用皆具繚以周垣正統元年

朝廷尊崇儒道凡聖賢子孫皆免徭役其秀茂者收錄之恩禮至厚也先生子孫之在姑蘇者初由道而徙郡守況侯驗其實皆免之浦既嘗

朝廷之德而益重本源之思至是堂成欲使子孫篤

不忘其所自出而恭敬奉承於悠久旣以崇本揭
于楣使其子融縣丞綱來京師因都察院司務鄒
亮屬予記自孟子沒而聖人之道不傳學者莫知
所嚮先生奮乎百世之下負絕出之資有默契之
妙繼往聖開來學圖書之作闡陰陽鬼神之秘啟
性命道德之奧使天下後世曉然知聖人之道如
日之麗天其本自先生發之今祀於
宣聖之廟徧天下蓋不忘本也況爲子孫者乎禮不
忘其本而君子謂之仁以其心之厚也斯堂推本
於先生而尊事之信可謂厚矣然君子之尊祖豈

獨祀享而已哉遵其道率其教而不違焉斯善矣先生之道載之書其所以爲教者蓋曰誠五常之本百行之源也苟能存誠則仁義禮智之具於心孝悌忠順之見於事者皆無有不實此大賢君子事也充而至於聖人不難矣今之學者皆知讀先生之書求其爲教之本盡心焉則周氏子孫之當務可知矣朝夕出入於此堂仰先生之德容服先生之教誨皆有以明善誠身處則爲良士出則爲良臣斯無愧於先生無負於

朝廷優待之盛意崇本之名不亦光遠有耀哉是爲

記

資政大夫吏部尚書兼　經筵官前　國史總裁

泰和王直撰

題濂溪周先生崇本堂後誌

禮莫大乎祀祀莫大乎本故周家禋祭首頌姜嫄魯廟薦殷猶稱穆考有宋道國元公者家世道州其崇奉祀典埒於孔氏之闕里孟氏之鄒嶧無容具論矣其勑祠于古吳胥臺鄉則先生之四世孫興裔也其構崇本於家廟者則先生之十一世孫浦也浦與裔仕宋靖康之亂扈蹕南渡以和州觀察

使授武功大夫駐劄平江故得奏請隨任立祠焉
時與裔領侍衛馬軍都虞候率部兵五百餘鎮沿
海福山港與金虜對壘四無堅壁獨捍東南之衝
素以忠勇勵士內外阻絕猶張空拳冒白刃陣陷
身亡虜截其左臂去嘖嘖嘆為奇男子云事聞朝
廷勅葬常熟之虞山蔭其子昺為常熟縣尉宋
亡入勝國八世孫文英復建於故址至正間胡運
將衰又遭兵燹傾圮數十年迨我
明正統改元有詔褒崇道學優録先聖賢子孫元公
以倡明道統首蒙優恤故十一世孫浦得被恩録

浦居恒雅念水木本源欲切羨墻之見乃建家廟
名曰崇本堂中祀元公神主武功以下歷代考妣
叙列左右使子孫時薦浦以文學補膠庠博雅而
壽優錫品服子綱爲廣西柳州府融縣縣丞有惠
政遂知縣事後先十八載因入覲謁太宰抑菴王
公作崇本堂記立之家廟綱子奎仍攝是縣兼羅
城懷遠二縣大藤之伐從予於戎閫中每言及其
祖浦建家廟崇本之因深用慊慨余謂武功以忠
孝之蹟奏祖祠於前浦以紹述之思建家廟於後
綱復因後先之美恢崇本雅意於景運昌明之時

斯皆元公道學開來之報久而彌芳也浦字玉泉
號安晩晩綱字文叙號謹齋有南遊藁周氏流芳集
藁謹齋詩藁周氏族譜藏於家余在諸生時耳安
晩先生久矣而及門之士若侍御趙忠儀部陳圭
皆耆儒碩德彥也則先生以道學嫡派授之家家
美訓之世世淑其自武功上達濂溪實炳燿之語
曰木大者陰繁本固者末茂干霄之樹下蔽千輪
其元公之謂歟余不文胡足爲崇本重稱以景仰
之展聊以續貂抑菴而附於周氏之世譜云爾
後學韓雍謹識

萬曆四年崇本堂歲久坍頹浦之嫡孫與相與國
與爵重脩蓋爲神主浩繁雜而不專非所以副歷
朝隆重之典是以與與爵於二十六年呈請
本府奉文捐貲重建專祠於長洲縣紘歌里文山
祠西堂廡煥然明禋如故子孫世守焉

目録

濂溪周先生祠

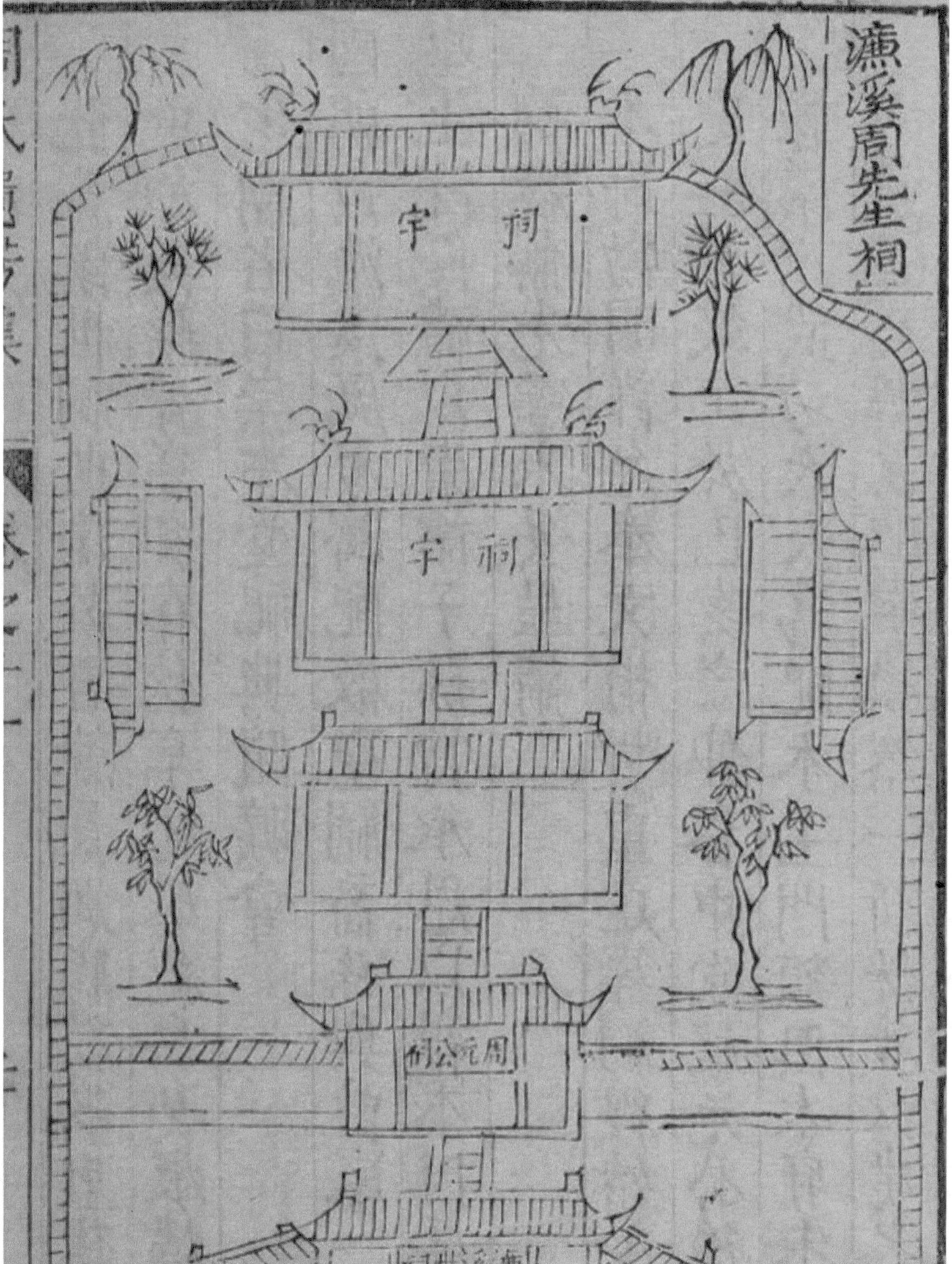

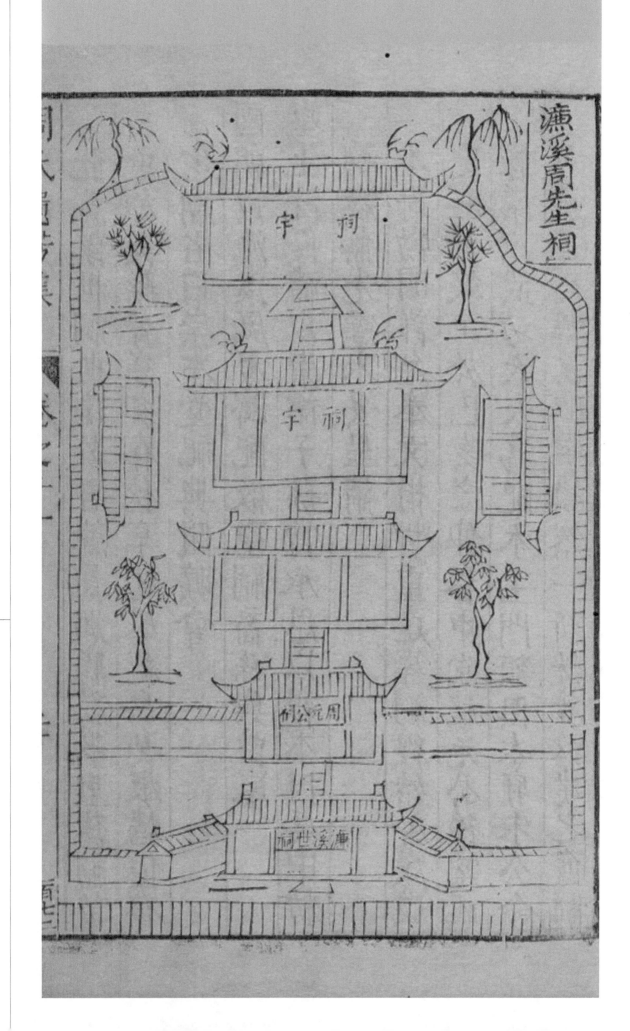

此濂溪世祠也建於吾蘇長洲縣絃歌里舊祠勅
建於吳縣胥臺鄉春秋享祀屢經兵燹煨燼僅存
家廟名曰崇本堂祀典隨曠會
國朝以濂溪厥考躋配啟聖祠裔孫與爵感
皇上既優禮以崇儒子孫當承恩以報本因吳中勑
祠寢蕪先靈未妥呈請
本府勘明詳允奉文捐貲重建專祠經始於戊戌
之三月竣工於己亥之仲春中堂祀元公後堂祀
諫議以武功大夫爲配木主門額俱太府朱公命
大尹鄧公所立祠宇煥然一新恍若敕建之舊制

以復歷朝隆重之盛典也

維

皇明萬曆二十七年歲次已亥二月丁卯朔越十

六日丙寅之吉蘇州府知府朱燮元帖行長洲縣

謹備木主委儒學訓導袁本奉入本縣絃歌里専

祠爰用釋菜禮致祭于

宋先儒道國元公周惇頤暨

厥考諫議大夫周輔成之神曰斯文千古炳朗日

星有開必先誕育鍾靈伊惟元公圖書闡與創啓

洮盲前承孔孟後裕朱程揆厥所自發源輔成禮

宜並秩歆薦逡巡百年曠祀再睹于今厥猷誰屬

逡逡孝孫篤請鼎建專祠孔殷嗚呼木主輝煌映

吳分人文亘古棟題輪奐式士民與起千齡俎豆

在列肅拜紛綸尚　饗

維

萬曆二十七年歲次巳亥二月丁卯朔越二十日

庚午之吉十七代守祠奉祀孫與爵率男希臯希

夔茲因迎奉木主入祠掌舉釋菜禮行爰用羔祭

昭報

始祖道國元公遡自

上祖諫議大夫暨

四世祖武功大夫之神曰道學開源發祥詒穀忠義啓承鍾靈紹續壁立斯文高宗芳躅向泥家廟之紛紜致匱明禋之馨馥越捐糗材請建祠宇載獲薦脤敢告悃愊徽盛典于報功祫昭穆乎昌歜亘古垂休丕承啓淑裕我後昆歲沾恩沐庶幾接肹蠁於同堂瞻儀形乎鐫木烝嘗禴祀世載拳曲

尚饗

重建濂溪先生世祠記 萬曆己亥

申時行 大學士

有宋周元公濂溪先生之四世孫曰興裔扈蹕南渡以觀察使蒞吳請於朝建先生祠祠之建於吳者自茲始其後載舉載廢百餘年莫能修復而其裔孫浦者乃搆家廟又數十年而裔孫與爵呈請建於長洲絃歌里曰濂溪世祠云先生闡明聖學開世淑人有功於斯文甚大宋嘉定間賜謚曰元以先生配食孔廟著於彝典迨我

國家崇儒重道世授其子孫一人爲博士追錄厥考

諫議大夫輔成從祀敔聖祠不啻渥矣而他郡國類有專祠并祀諫議大夫蓋推源意也先生生於道州筮仕分寧稅駕南康卒從家廬山之下所歷豫章郴桂虔韶之境皆有名迹以故在在俎豆之其四世孫興裔殉節於吳雖先生宦跡未嘗至吳而道則衍於吳其祠於吳者蓋出於觀察之請建是禮之義起者也夫陵谷有遷變而道術常新時代有更嬗而人心常憂先生固道術宗而人心之仰止其神在天下猶水之在地中有其舉之莫敢廢也而況先生之子孫別籍於斯聚族於斯支系

雲仍綿永無替則先生之靈爽非憑式是而胡以
君蒿悽愴如或見之者乎且吳故才藪乃今文靡
而誕習汰而澆糠秕濂洛之緒論而正學蓁蕪司
道脈者過其祠想見其人躍然景慕而興起未必
非明教之助也夫一舉而先前德維世風是可紀
也故因與爵之請而爲之記

宋周元公祠記 萬曆辛亥 顧其志 中丞

濂溪先生表章聖道使天下後世尊其學者人所
知也濂溪生於道州徙於廬山而吳之遺裔猶得
世其家者人不盡知也夫得世其家於吳蓋自四

世孫興裔始興裔以觀察使扈蹕南渡駐劄平江請建先生祠於吳縣胥臺鄉後興裔爲國死節歿於王事初葬常熟虞山而子孫遂留吳焉余嘗考蘇郡邑誌方其建祠之初春秋以官郡牧類祀子孫冠帶彬彬焉迨至正閒以兵火廢百餘年莫能修復而正統元年裔孫浦者乃搆爲家廟又數十年而十七世孫與爵於萬曆二十六年呈請重建於長洲縣絃歌里當與爵請建時會

國家追先生厥考從祀啟聖宮於是中堂祀先生後堂祀厥考而以武功大夫興裔配焉君子觀於其

聞而知與爵之孝與禮備也存先生之考者明先生之道有所自始存與裔者明先生之澤有所自衍蓋先生之祠如春陵九江等郡在在有之獨吳中之祠屢復屢廢僅存家廟雜而不專今仍以與爵之呈請建於絃歌里者爲世祠焉余嘗與東林諸君子論道學之源追遡吳之蹟共謂

國家報千載之斯文則先濂溪遡千古之道脈則兼諫議而原節義於繩武則弁録武功一舉而三善備當事者尋請建故事以成與爵之志則其若子若孫之世於吳者豈有艾哉茲重建成恐世之不

盡知也特爲之明所自始云

蘇州府重建濂溪世祠碑記萬曆庚子　諸壽賢禮部

卓哉周元公之爲烈也三代以下之庖羲也太極圖說推明天地萬物之原直與河圖洛書相表裏通書四十章又與太極圖說相表裏孔孟既沒吾道不絶如綫至宋而始一發明元公實主盟焉昌黎公謂孟子之功不在禹下愚亦謂元公之功不在孟子下信哉維時所爲推行其道使得昌於當時者程伯子也所爲推明其道使得傳於後世者朱晦翁也今天下之號爲儒者不少矣或夷爲腐

或夷爲史又逃而爲禪而元公之道幾晦故後學
有能統一者爲儒後裔有能崇祀元公者爲賢胤
吾於與爵不無深拚云聞之孝尚成先禮隆廟食
故穆穆魯侯獨美明禋之典温温孔父遠稱刻銘
之休誠以原委是重情禮用申繩武君子必不忍
令丕構之久湮也若夫翼聖真而流慶承
皇命以揚輝乃履遺址思故宫毅然遠躅五百餘禩
之前豈惟鴻儒流裔藉以增光寔惟司風紀者與
仁孝之一助此濂溪世祠之重建與爵所以大有
關於名教歟粤稽世祠創制有宋蓋自元公四世

孫輿裔者授觀察使駐劄平江力請於朝勑建元公祠於吳縣胥臺鄉道山之左禋祀歲舉孝思孔昭將令垂徽猷以睞來裔循鉅典而彰世守不謂

勑祠傾圮湮廢有年至元盛時復建故址至正兵亂復罹煨燼傳至與爵之高祖諱浦者欲脩舊典綿力弗逮于正統元年迺搆家廟名曰崇本堂上祀元公其下考妣序列昭穆然家廟規制陋隘非所以副歷朝隆重之典是以與爵覩舊址之就蕪毅然思復會萬曆乙未嘗

勑諭濂溪先生父諫議大夫輔成公從祀啟聖宮感

聖朝既優禮以崇儒裔孫當承恩以重本與爵居吳
爲濂溪十七世孫呈請郡尊得朱公諱燮元懷襲
裳之恩起甘棠之想爲之申詳助俸重建與爵奉
文乃發其帑貲集厥土木成祠於長洲絃歌里夙
廢聿興新構再起若堧垣若門廡若堂寢若庭戺
皆一時嘼成儉而弗陋華而弗逾依然勑建舊規
也計其程始營於戊戌之三月竣工於巳亥之仲
春繇是太府復命大尹鄧公諱雲霄顏其楣曰濂
溪世祠所以崇
國典而別家廟也中堂專祀濂溪先生後堂專祀諫

議大夫以武功大夫與裔配焉鑄木爲主鼓樂迎入以時釋菜禮委儒學訓導袁君本詣祠定位肅拜所以申王恩而光俎豆也仍進與爵而命之曰傳云盛德必百代祀信矣第淸廟之設仁祖考於無疆紀載之傳垂後裔於不朽於是謀述文詞來託余手余觀勑祠肇於宋朝久湮非孝追祀出自國典奉享爲忠况茲渠劇理應嗣承繼其後者遠遡經始之心近思再造之力歲時迭移黍稷薦陳敬恭之心不忒在天之靈式憑且出者宣道化以報朝廷處者維道脈以開來學萃忠孝於一門衍慶澤

於千載明時重道之典子孫隆本之思庶幾永永弗替哉是爲記　十八世孫希皐希夔立石

題濂溪世祠　錢有威

河洛眞傳數百年濂溪孫子有遺編道通太極一无外志在羲皇六畫前黙契淵微倡絶學闡揚秘奥啟羣賢知君世澤餘波遠吳楚斯文一脉傳

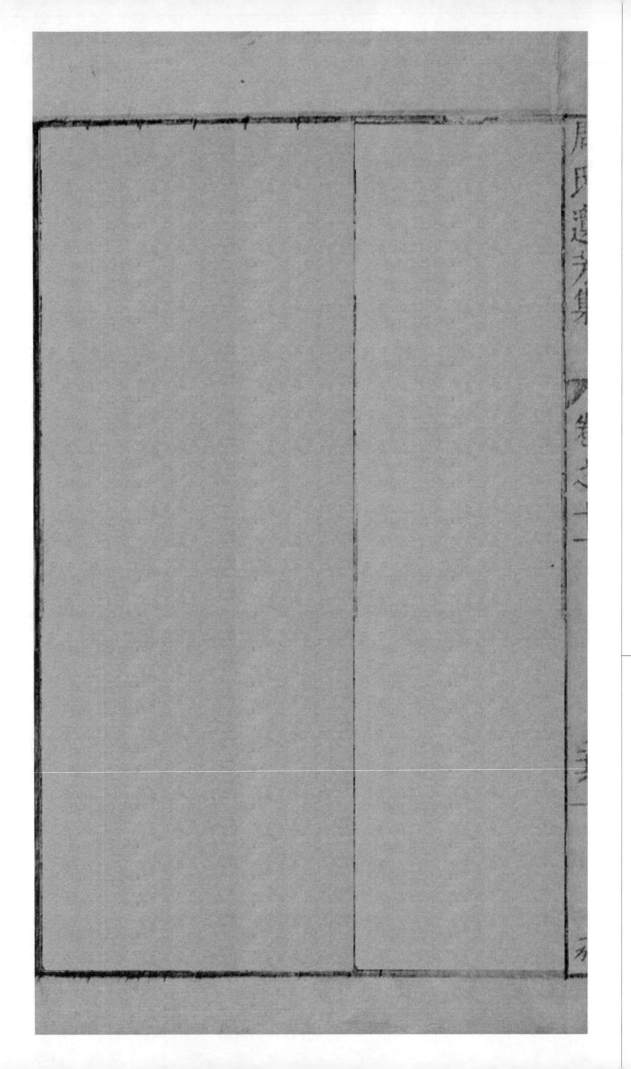

重修濂溪周先生祠記

濂溪先生未嘗留吳也迨四世孫興裔開閫於吳靖節於吳而吳遂有先生之祠蓋吳之有先生祠也其在宋嘉定間也予嘗考吳郡誌胥臺鄉有濂溪祠春秋以官致祭令勿絕而其後以兵火廢蓋吳之無先生祠也其在元至正間也今士容來宰茂苑徧舉諸祀典而濂溪先生祭弗及問其祠則有在絃歌里者其專祠也中堂祀先生後堂祀厥考而以武功大夫興裔爲配又有在濂溪坊者其家廟也元公祀其上而自興裔以來數世考妣列

昭穆於下故其堂亦曰崇本以示不敢比於公祠之義則其無公祭固也至專祠之建亦既創議於太守朱公燮元奠位於前宰鄧公雲霄矣朞年而落成釋菜以載木則凡蒞茲土者亦既輝煌其額矣報成於秩宗則又錄其嗣之賢希蘷衣冠奉祀矣祠之東厥有信國公文丞相祠云庭燎之焰直與正氣俱升忠烈之顏且與丹心比赤拜其像登其堂吳人之興起蒸蒸如也獨是先生之俎豆先生之堂寢不及與文山廟貌鼎奕一時至今謁其祠者興嗟於庭草之俱蕪而圖書之並杳也豈非

守土者之責耶說者謂其後人實不欲祀其先也誣也水源木本有心盡然焉有子孫而不欲祀其先者哉卽如爾祖輿裔之建祠也官於吳遂請祠於吳孝子一日不忍忘其先大抵如斯矣移孝作忠厥後遂有福山之事當其時孤臣戰骨白於霜一旅忠魂清於月其吞胡之恨且先燕山之樓柴市之慘而起也吾於建祠之日而微覘之矣爾後人獨不聞之乎且也家廟以崇本專祠以報功載在祀典於今爲烈爾後人亦不聞之乎吾故曰誣也雖然咸秩無文

天子之靈修廢舉墜長吏之責予不佞向爲塘工之役不惜與吳民作一頭陀今舉百年之祀又何難爲先生作一祭主哉况先生之道旣無日不南則今日之吳當無歲弗祀吾故觀吳人士闡揚圖說蔚起斯文則夫彷彿風月之餘追摹金玉之範者葺祠崇祀殆非予一人之心也其又吳人士之心矣屬歲儉公帑不支不揣捐俸數金進其十七世孫與爵粗修之爲請於郡列諸祀典歲歲薦血食焉蓋與爵者卽捐貲成先生之祠與輯先生大成集行世者也其亦武功之風類也夫因勒石爲記

皇明萬曆肆拾叁年乙卯九月吉旦

賜同進士出身文林郎直隸蘇州府長洲縣知縣黄州胡士容撰

國子諸生長洲陳元素書丹

郡諸生崑山張幼文篆額

歷任憲司府縣及名碩匾額

濂溪世祠　蘇州府知府朱燮元
萬曆廿七年二月立

道學正宗　知長洲縣事東莞鄧雲霄
萬曆乙巳年孟夏吉旦立

正學淵源　大學士申時行書

倡明絕學　蘇州府署印同知韓子祁
萬曆丁未年清和吉旦立

倡明正學　宣化徐可行書
戶部清吏司

直承聖統　知長洲縣事澠池祁承㸁
萬曆己酉年孟冬吉旦立

宋周元公祠　滸墅鈔關戶部主事張銓
萬曆四十年五月吉旦立

并附部臺批語　纂脉黃廩源洙泗執斯文之牛耳倡道東南闢後學之迷途有功儒教允宜匾額用光廟貌

道統中興　長洲縣知縣韓原善　萬曆壬子年仲冬立

翼聖正宗　崑山縣知縣祁耀祖　萬曆壬子年仲冬立

倡道東南　蘇州府知府林紹明　萬曆癸丑年孟冬立

濂溪周先生祠　長洲縣知縣胡士容　萬曆乙卯年孟秋立

眞儒正印　蘇州府知府陳詩謨　萬曆丁巳年仲春立

吳郡守祠奉祀孫與爵 編輯

目錄

附水部南軒公事實

水部南軒公自贊

武功大夫觀察使遺像

和州觀察使武功大夫行實

大夫諱與裔字克振濂溪之曾孫也世居營道濂溪徙居九江祖諱壽父季仲大夫性質剛明策略宏遠政和間差充秦鳳路經略司書寫機宜文字召授閤門祗候未幾轉承節郎差潼州府廉訪使轉保義郎特授閤門宣贊宣和六年差知岷州轉承忠郎特授武功大夫文州刺史靖康蒙塵扈蹕臨安即日召對除帶御器械爲和州觀察使尋差江東路總管建康駐節復差提舉宿衛親軍權兩浙淮南東路沿海置制司領侍衛馬軍都虞候兼

幹皇城司丐養提舉神佑觀復領主管侍衛馬軍
行司公事以所部兵駐劄平江鎮守沿海福山港
隨任奏立元公祠勑建於吳縣胥臺鄉後與金虜
對壘戰沒王事勑葬虞山東麓積善鄉配王氏封
汝南郡夫人尚書左僕射岐國公珪之女子昺爲
廸功郎蔭常熟縣尉有治績孫璵承仕郎秘書省
檢閱文字曾孫才廸功郎祖孫四世祔葬虞山

宋勑制置使周與裔兼幹辦皇城司丐養提舉

神佑觀誥命

朕聞虎闈戎司固先於贊畫麟臺秘府尤重於提

綱膺斯顯除宜屬舊弼卿性全夷粹德備直方負經濟之宏才蘊幾微之敏識頃陪籌幄密贊樞庭荐出鎮於近藩茲入佐於中禁尚期效職以副朕懷欽哉勿替

宋撫問淮南東路沿海制置大使周與喬賜銀合夏藥口宣

有勑卿比從舊弼出殿帥藩履茲炎燠之辰嘉乃撫綏之畧用須名劑以示至懷今差入內內侍省東頭供奉官譚琮傳宣撫問及賜卿銀合夏藥想宜知悉

宋撫問淮南東路沿海制置大使周與裔并賜
銀合臘藥口宣

有敕卿望高右府寄重留都當氣序之載嚴諒節
宣之無爽肆頒良劑昭示眷懷今差入內內侍省
西頭供奉官韓繹傳宣撫問并賜卿銀合臘藥想
宜知悉

錄武功大夫手劄一通

建炎三年春三月望後五日書暨丙申歲仲夏離
家隨奉命差知潼州廉訪使宣和六年復差知岷
州後轉文州刺史南非奔馳歲無寧晷視事如蝟

何暇於兒女事爲念哉況値國步多艱復有靖康之禍君臣遘難又嘗懷慼之塵是以朝廷去遠君子內乏骨鯁之臣任用小人致貽天下之憂四海生靈罹此倒懸困苦耶今皇上播遷之後黎元窘迫之際措置張皇進退失計雖警蹕臨安終非恢復之謨耳目雖聰明蔽惑於奸佞此某之所以三復流涕痛朝廷不自內省又見沮於潛善伯彥之譖掣肘莫伸今金虜分道南侵血我生民腥羶寰土此誠危急存亡之日臣死於君君死於社稷效死勿去泣思戴天之仇未復一腔忠赤未消傾露

葵藿當紓國難此我所以奄奄居外夙夜皇皇惟思當世之務奉法宣化憂形于東南境土兢業自持未暇于一夕安寢幾欲告歸灑掃祖廟先塋奈何王事靡盬弗克所願想我祖宗在天之靈必先鑒知烝嘗久缺不能脩時薦以盡祼獻之禮人子之情抱恨終天既不能盡孝又不能盡忠臣子之心良有歉于是哉今附歸薄祿數金即置備後開祭掃等儀願我二子皆如所言一一如我命我雖不得與祭使我子冉昱攝之當致其如在之誠吾祖宗亦必格而臨之少伸孝思以報劬勞世向後

之事難自逆料且我身如犬馬未足以爲報國恩況朝廷養士多年我豈肯偷生于今日旣以許國守正侯死寧前死一尺無退生一寸誓志不與金虜並生身蹈白刄何足爲辭自雖不諒不訾之軀臨不測之淵甘爲趙氏淸白鬼此我矢心如是而樂於效死也雖未必能整破碎綱紀亦人臣當盡節之時但有死之日無生歸之期故不以家爲念二子當自勉旃不復以我爲慮臨楮飛血不知慷慨所云

長男昺虔備牲醴香帛茶果祭品詣道州祭掃

列祖墳墓即祭告先諫議大夫廟暨諸祖考妣
之靈事奉禮畢即回九江沿具祭品同昱詣曾
祖元公祠祭告禮畢即祭掃先高祖妣儒居縣
太君鄭氏墓暨曾祖考元公曾祖妣陸氏縉雲
縣君浦氏德清縣君祖考司封郎中祖妣鄭氏
夫人先考廸功郎先妣陶氏淑人之墓祭掃畢
即撤餕餘祭奠汝母王氏汝南郡夫人之靈特
示男昺昱知此母得造次違亂來意皆依我所
言建炎三年三月書

哭周興裔死節福山　郭元邁

孤臣戰骨臨霜白一旅忠寃掛月清海島復聞田
氏義首陽還抗墨胎名刀鋸敢蹈惟知死鼎鑊甘
飴豈憚烹一擲鴻毛輕太岳只今野老哭吞聲

追悼淮南東路沿海置制使周興裔死節福山
以詩贊之　虞允文

衰草吳天照夕陽孤臣白骨委沙場忠寃夢斷悲
秋月逆旅神凝望故鄉報國赤心存壯烈垂名青
史死猶香英雄未盡吞胡恨千古遺芳重璧璋

附

南軒公事實

南軒公諱才字仲美道國元公七世孫也賦性穎異器宇弘暢早失怙恃勵志自學六經爲本待人以誠奬善嫉惡不苟趨競景定甲子領沿江制機檢察水部兵乙亥革命征南行省帥府檄公與武弁分撫郡之屬邑時軍伍貪恣日事剽掠公撫諭之又梏人輸物不悛則魚貫斬首公悉解纍械釋之不可勝數士卒掠他處生口賈粥公爲館穀詢其鄉里父母歸之同里朱氏蘇氏世讐朱賂千戶期一夕爇蘇而屠之亦欲賂公公潛招蘇語其故俾亦啗千戶以利兩全之因招二氏曉以禍福令

約爲婚姻遂釋怨丁丑歲有奸俠諜衷謀以動吳
民公歎曰吾始負撫安今兹復不順義一旦官兵
來吳民其無噍類乎因諭以氣運在天不在人之
理禁其奸不得發乃亟給帥閫撫諭符文迎勞官
兵遂不入境人得以寧比境來避者亦廩給之後
置縣設官領户筭同寅上其功公曰吾前朝賤士
也所以與世委虵誠不忍生民塗炭耳兹得爲太
平民幸矣忍復希名位哉遂老於耕桑嘗著宋史
略十六卷吳塘集若干卷藏於家子二文華授常
州儒學教授次文英以儒克世其業有澤物親民

二稿及庭芳集其言見水利條載郡誌
制機檢察水部兵自贊
早步宦途晚耕田野詩酒陶情逍遙林下以仁義
而宅心終不事乎虛假噫彼其所以深衣而幅巾
者亦庶幾無愧于儒雅也耶

目錄

題黃省翁寫紫華先生眞像贊

紫華先生自贊三首

慶耆吟

紫華先生題意

祖服傳孫十二韻

登樓二十韻

過吳塘故居

紫華先生事實

先生諱文英字紫華別號梅隱元公八世孫天資剛正不妄談笑好學篤行博涉經史世居道州宋季徙吳城之東讀書好道薄宦四方賓佐州縣建言三吳水利申明兩浙鹽法詳讞疑獄議擬戶婚所著論利病則有澤物親民録又善文辭音律暇則教子讀書琴尊自娛凡爲吟咏援筆立就積稿數十伯命曰庭芳集藏于家訓其子曰吾詩不足傳俾汝曹知予出處耳可傳者澤物親民録云嘗有幸道者過之見其讀參同契道者曰子有宿契

可與語至暮留宿甚寒將熾炭道者止之視其所衣一木棉裘其氣充然時方雪積道者所止有光赫然出屋上雪不積聚隣人以為火操水具至則知非火紫華尤異之詰旦留詩以別問道者所止曰我舟泊於楓橋大雪後可來一會紫華冒寒而往幸方倚篷而笑謂紫華曰子來矣即出一小鼎授以坎離交會之功紫華悟其意幸又曰後五十年戊亥間當戍子志余項間便過洞庭七十二峰西遊也歲甲戌紫華以幸所書展玩一過曰茲惟時矣遂斂衽端坐而逝其留別詩亦寓意焉并附

録於左 載在長洲誌

幸仙留別紫華二首 并引

梅隱周兄火龍水虎風雲間闊亦一時之良遇也源之深流之長不易測也窓夜風雨鸞和鳳鳴不易聽也旣早別因梅隱壁間韻賡二首以寓再會爲意乞不示人知幸甚幸甚

倏來萍水忻一會巍崖秀谷泉流淸抱琴半世調不得連榻一宵遍此生叅到無言方自覺學須有志竟能成他年再可雲龍際息壤天涯寄某名

晦圓圓晦月不損影到澄江江更淸有限炎凉宜

靜看無閑日月且浮生雲邊鸞鳳飛將倦塵界蟠
桃種不成我向生前了身事人於身後却虛名

三吳水利條陳

蘇湖常秀土田高下不等以十分爲率低田七分高田三分所謂天下之利莫大於水田水田之美無過於浙右五代末吳越錢王獨居東南專享此利宋范文正公嘗論於朝曰江南圍田每一圍方數十里中有河渠外有門閘旱則開閘引江水之利潦則閉閘拒江水之害旱潦不及爲農美利嘗詢訪高年云曩時兩浙未納土時蘇州有營田軍

四部共七八千餘人又有撩清夫專爲田事導河築隄以減水患唐時歲熟錢五十文糴米一石自歸宋之後慢於農政不復修舉田圍河港大半墮壞今江浙之米石不下一貫比之當時其貴十倍民不得不困國不得不虛矣前都水監於江面置閘節水終非經久良法且如見置閘三處本意潮來則拒潮來之水潮退則放江水決潮殊不知江水源築塞水勢細緩內水外水高低無幾又閘之相去不遠決放之水既淺且緩又烏能衝激潮沙而不積於江也施常年初無損益設遇澇歲覬其

傾洩江湖巨浸則見其不能此所謂徐行拯溺緩步救焚者也海者百川之所宗水有所歸則不泛濫善治水者必識其源流可也嘗經行太倉劉家港及吳松江之左右登高眺遠隨流尋源爲今之計莫若因水勢之所趨順其性而疏導之則易於成功劉家港南有一港名南石橋港近年天然深闊直通劉家港西南通横塘以至夏駕浦入吳松江其中間有迂廻窄狹處若使疏浚深闊則太湖洩水一大路也其今棄吳松江東南塗之地姑置勿論而專意於江之東北劉家港白茅浦等處追

尋水脉開浚入海者蓋劉家港即古婁江三江之一也深港澗此三吳東北洩水之尾閭斯所謂順天之時隨地之宜也惟開浚之法付之有司例將有田之家差夫動擾猶爲未便乞從省府差委諳通水利官諳沿海各處相視合浚港浦具數計工擬議申聞或都水監分官前來或選省府能宜於浙間富戶勸率百十家斟酌遠近及功績巨細照依捨糧賑饑例優以官祿擬定品給令其開浚考其成功如工役輕省者量行優叙如功績重大者優以一官激勸勉勵庶幾勞而無怨擾不及衆假

如凶年勸令富戶捐糧賑濟不過救一歲一處之災上有以官推此恩例成此美績則可弭浙西數郡久遠之災寧不偉歟經治之後更須都水監差官按行嚴督各州縣每歲修葺使其經久不廢或委行省官專一提調廉幾孰督事嚴免致有司樂歲則苟且玩視以爲常程設遇澇歲則束手無措敗事傷農詩所謂迨天之未陰雨徹彼桑土綢繆牖戶者此也水利有成則樂歲相仍國富民安誠非小補詳載姑蘇郡誌

題紫華先生行狀卷後　倪瓚

紫華上卿遊心恬澹之園濯神清泠之渚仕雖不顯利澤甚溥蚤遇眞仙故晚得尸解上道學道之士非祖澤流慶骨相合仙精修冥契何由仙靈降室哉覩陶眞白冥通記庶知之耳因讀上卿碑及傳爲之慨歎久之壬子九月二日雲林倪瓚書

題黃省翁寫紫華先生眞像贊　高晞遠

神湛湛兮若淵氣融融兮似春兼文質之茂美極言行之溫純措諸事業可使民物之咸遂斂之方寸能保元和而自珍彼求之於眉睫之間者宜得其形似之髣髴孰若索之於形骸之外者庶見其

渾然天眞也耶

紫華先生自贊三首

如斯面目如斯性情不史不野非濁非淸松栢霜姿芝蘭春英旣具爾瞻必也正名 唉 玉堂葊舍無心處四海堯天樂太平

瑞靄曨晴荷風晝淸逍遙庭除優游性情淵淵如神熙熙如春惟松斯貞惟蘭斯馨宜爾壽康德彼雲仍

面目尋常襟懷逈別冶地陽春炎天霜雪蓮憹蓬窻光風霽月澤物仁深隨時用拙 咄 用之行龍虎

風雲舍之藏煙霞泉石

慶耆吟 紫華自述

六十年來事可征幾番風雨幾番晴晚恩投筆身先老蚤討乘桴道不行北闕上書憐孟浩南溟搏翼笑莊生如今老大俱休問鼓腹堯天樂太平

紫華先生題意

紫素生華有自來先天水火孕胚胎九宮正位藏金室三氣廻風上玉臺充實光輝儒閫域希夷恍惚道梯媒辭觀虛白佳祥止三十六宮春自回

祖服傳孫二十韻

先人一毳裘遺年四十春當日授受時此意慈旣
憐屬我甫成人冠帶慕整鮮愜心感殷勤稱體宜
蹁躚服置間歲寒紉補常完全貴之重華衮寶之
逾靑氈故人綈袍情恩義尤絕懸箕裘寓微深襲
佩披誠虔吾今臻耆年先志固勿遷書紳敬諄諄
帶韋衷拳拳輕肥曷敢矜靚素惟純緣曩叨恩賜
衣胸膂金蝹蜒儀章制羅袍鞶華丹鞋聯朱紫寧
無期時我適後先難封信李數易老知焉顚庶幾
寡悔尤口體相安便先裘幸不墜謹以吾子傳欽
哉服祖禧進修庸勉旃衣冠三世存子孫百世賢

爲謝九方歎與子遊於天

登樓二十韻

我樓異他樓俛仰成憑陵山林猶森嚴龍象先儀承風月自棲遲煙霧時依凭良模搴風構瑞應符佳徵不矯元龍高不屑王粲登樓中槃斯人毋伐亦毋矜道義和好春懷抱清適衆趣生分久疎觥斝量不勝裙扇情已澌斤斧警自懲不爲物之喜不爲物之憎過從屛俗類談笑多良朋學不趨僊流道不墮禪乘教子耕研田負耒勤擔簦良農真有秋良士期賓興老我抱黃卷皓首惟青燈讀易

洗我心明善服我膺千篇優寸長百拙樸一能商
聲歌我詩忘形髮鬅鬙斯時惟何時老子與題弘
韻語寄此懷聊識當年曾

過吳塘故居　紫華自述

滿目荒凉惱壯懷坐來猛省一場歔幾年積善讀
書地一旦成坵作荒堆家國廢興同是理山河險
固有餘哀春深最是傷情處悞却尋巢燕子來

周元公世系遺芳集卷之十二

周元公世系遺芳集卷之十三

目錄

周元公世系遺芳集卷之十二

吳郡守祠奉祀孫與爵　編輯

拙逸公行實

拙逸諱南老字正道本道州人濂溪先生九世孫宋季徙居於吳祖才父文英自有傳公幼聰慧識量過人讀書覽輒記憶元季用薦授永豐縣學教諭改當塗縣代還會天下亂省臣奏爲吳縣主簿有僧普益殺人久不行尸南老移檄責縣神次日覺羣烏飛繞有異跡其所止獲尸於湖濵縣稱神明尋辟爲浙省掾上書言時政六事曰開荒田節

財用通鹽法息奔競辨禮分公銓選除兩浙鹽運司知事進淮南行省照磨改浙江行省進權理問
國朝洪武初徵詣太常議郊祀禮禮成發臨安居住放還卒公生平端毅好學其學本於義理而講於制度所著有易傳集說喪祭禮舉要姑蘇雜詠拙逸稿子敏字遜學洪武中舉任長洲縣學教諭後與金華胡隆成同　召入京以親老辭歸親終服闋改廣東軍器局副使子四汝浦淵源汝安溪圭簿浦齒德並邵賜品服與鄉飲淵遂昌知縣浦之子綱字文叙以薦授廣西融縣丞進知縣治縣十

有八年有惠政於融成化中都御史韓雍以融人思綱不忘奏綱子奎爲融縣丞未幾進攝知縣兼攝羅城懷遠二縣協贊韓襄毅公區畫百計以靖洞蠻蓋奎隨父久任熟知地輿蠻賊巢穴皆奎所知經戰悉以指示無不克捷功成之後堅辭爵賞後丁母憂改茶陵州判卒 戴姊蘇誌

拙逸公家訓

學不師古非學也師古而非以正亦非學也聖人之道具在方策大而性命道德細而名物度數皆學也夫學之道不由誠意正心而加存養省察之

功則性命道德何有而明不由致知格物以盡夫事物之理則名物度數何由而知故古之欲明明德於天下者必盡夫格物致知誠意正心之功而後能察夫義理措諸事業也六經論孟學庸古莫古於此學欲師古舍是而何以爲學耶當今之世孰不家有是書而讀之者亦未嘗無其人然在愚不肖者固不知斯道爲當世不易之理或昧而不明或習而不察而賢知者顧揣變測微驚世駭俗陰祖異端溺老莊之虛無慕瞿曇之寂滅或以竹林放曠爲行或以西崑組麗爲文掇集言辭動以

韓柳自許鍛煉韻語槩以陶韋爲言考索名數則以圖畫之高古爲據視性命道德爲虛文曰不必學以名物度數爲不切世用曰不足學不知韓柳之精粹陶韋之沖澹果外於道乎圖畫之高古不過圖形似之彷彿豈能一一精備而可據以爲制作耶其所以爲吾道之害者莫大於此其所以駭俗驚愚誣惑後學者又莫盛於此或曰人有天資之高下豈能盡聖賢之事而造於道哉殊不知資禀之高者必由學而成資禀之下者亦必由學而化其曰天資云者是甘於自棄也其爲不仁甚矣

顧予之言資稟固有高下氣質固有不齊雖不能一一到聖賢地位然爲學之法則必當以聖賢爲期知之必致行之必力一師於古一歸於正毋誇詞章而鬭靡毋泥傳註而穿鑿則庶乎聖賢之學也苟學之未至亦不失爲善人夫鈞陶猶能變土學豈不能變氣質哉予幼習父師之訓拳拳服膺今耄矣未能致其實踐之功而於正邪眞妄之途則不敢不審若夫科場之程文應世之詞章特餘事耳亦未嘗學焉文以達辭詩以寫情字以正心未始敢求異於人講學之暇輒著是說以爲家學

訓若子若孫識之勉之

洪武甲寅春三月朔旦春陵南老識

拙逸齋記

陳基

惟天下大拙能爲天下之至巧造物者大拙也而至巧存焉今夫草木至微者也而其生也造物亦何容乎其間而洪者纖者鉅者細者頫仰者向背者方圓而曲直者林林總總莫之有紀雖直良工之刻鏤曾不足以髣髴其萬一非惟草木也凡跂行喙息雲飛淵泳仰飲而俯啄者亦莫不皆然造物者亦未嘗弊弊然若世之衆技鑽其巧心紛紛

攘攘與百工角能哉易曰乾道變化各正性命此
之謂也吳郡周君正道甫以詩書六藝爲業其先
大夫大使府君以儒術緣飾吏事瓌瑋博達爲東
南學者師而正道少從府君宦遊四方其外舅故
松江府判孟府君實故宋信安郡王五世孫也而
正道出入二父間皆與時老成典刑爲世師表余
不及識大使府君而幸及識孟府君正道以府君
佳婿出入侍傍應對唯喏進退折旋如芝蘭玉樹
楚楚不凡自是與正道交游且三十寒暑不啻矣
間以習聞於二府間者出遊與世酬酢如庖丁解

牛動中肯綮而其博學多能雖醫方藥術亦各臻其妙若正道者蓋所謂至巧也而乃以拙逸命其齋殆大巧若拙歟正道裔出故宋汝南周先生元公而拙逸云者公之自謂也公以道學繼孟氏千載不傳之緒而其賦拙有曰巧者勞拙者逸巧者凶拙者吉而其卒章有曰天下拙刑政撤上安下順風清弊絕於戲此非孔子所謂無為而天下治乎余今與正道誦其詩讀其書光風霽月若將見之而正道以習聞於二父間者豈獨善其身哉亦曰士大夫出處無常惟義之歸而已

洪武元年四月甲子記

拙逸齋銘　楊翮

舉世機變卽禮慝疲爾形神心役役外重內拙含厥德恬淡無爲安所逸周父表之名其室將終身焉永惟惕銘其名者楊子翮

拙逸自贊公服像

形朴而氣舒性拙而材疎少馳騁於文藝之場壯涉歷於艱難之途其朱衣象笏者卽青燈華髮之故吾噫歲月之既徃聊遯逸於桑榆

拙逸自贊深衣像

幼力於學老未聞道敬以自持是則是效將致謹
乎言行顧此心之慥慥服斯服而成此肖貌者皆
過庭之教也

拙逸老人題孟孺人眞贊

係亞聖公五十三世孫潼之女也享年五十
有三祔葬于落星涇祖塋之次

甫笄而嬪克敬克勤相我內事三十七春繄工容
之具美惟德人之所有斯孟氏之令女實我宗之
賢婦　銘

惟茲惟淑婦道雄肅同穴有誓爰宅茲隩

送周正道謁選序　　蔣堂

科舉行三十年士之有志者鮮不卓然表見於世自非偃蹇鄉里間放意文墨繩檢之外以求一切速化者孰肯旁蹊側逕反自取於迂遠哉吾鄉有周正道者觀其質粹然而温也聽其言曄然而文也探之以業術驗之以志慮抑之以事物之所疑浩浩乎若未可詰而窮也吾意若人之資身譁世者已具蓋將爲時之用也不遠矣方且齗齗與君儒較贏縮司出納疲精勞思心切笑之以是瑣瑣者豈吾曹所宜爲哉况風紀之面試難於初有司

之稽考嚴於終小夫賤隸吽號衝突日嚚嚚然皆得誚而侮之而正道處之恬不以爲耻一日代去忻然來曰吾雖不類豈以是爲功名哉士患已之不修耳萬鍾何多一介何少固不在外者爲榮辱也吾見世之建功立業奔走於四方非不誇且榮也然捐親戚棄祠墓蹈不測之險出沒于禍變憂懼中以僥倖于一時爲不少矣豈若居子游弦歌之鄉講學道愛人之語從容乎井邑之間跬步于衽席之上彼所謂卓然能自見者度時可爲而爲之不然亦不失爲善人以此較之孰得孰失哉予

感其言類知乎道者也故錄以爲序

題吳王宮梧桐園　拙逸

碧圍宮園樹曾宿朝陽鳳花開襲香霏葉密纖纖蓊雨雜璫珮聲風生金石弄初秋一葉零深宮愁已動前園忽橫生怪入夫差夢知匪棟梁材盲僮斯僃從

題吳王故宮香水溪

吳宮香水溪俗傳脂粉塘暖波浮漲膩晴渚泛紅芳美人曾此浴魂銷水猶香可憐清冷泉照此妖冶粧不濯郎衣塵孰比華清湯只今開寶林曹溪

源更長

題城東採蓮涇

採蓮蓮有涇涇帶城東南美人棹輕橈花深采芳蔕香風飄翠舉明粧照紅酣摘鮮騈紫蒻顧影墮璫簪藕絲長不斷君情短何懸食甘心死苦君樂非所堪

題陽山丹井

鶴仙丁令威宅桃陽山陲仙化鶴不返宅廢人已非餘遺丹井在井戶苔生衣丹光時夜發猶能照巖扉月斜人籟寂鶴自遼東歸爲歌華表吟但傷

知音稀　已上四首載姑蘇郡志

甲寅重九志感并序

有懷壬子歲九日值雨予敏具酒殽酬節留倪雲林在荒齋圖秋亭雨意并賦詩座中申屠仲權金德進徐彥純談笑終日今年喜晴而吾予上京未歸德進助教國學仲權留應天府彥純訓導吳庠雲林在江上獨余困坐寂寥感而賦之

予能為養奉時羞佳客紛紜為雨留圖寫雲林神妙品坐談珠玉總儒流人情會合難期再節序推

遷復兩周自嘆吾生幾重九胡爲役役感行休

九月十日得子敏書

數罟横江無縱鱗幽潛何地遂沉淪文身自絕猶荆俗負耒誰能似野人束帶折腰非所樂賣書供爨耒全貧子還有日殊堪喜捧檄歸來祗爲親

孫源試周歌

汝浦淵源原上遊上遊來自崑崙丘四字名孫與實併孫源今日始試周敷茵布席羅膳羞窺餌堆盤橘果稠爵進玉醑液新篘香浸碧雲茶滿甌左陳經史及鴻疇右横戈弓弁鉏鈎東序中書積壘

侯匜列槼量排牙籌百爾縱橫各相攸蹣跚跬進覲何由電光烱烱明雙眸頭角崢嶸匪凡流首拈古易歡狎優次握祖印莫他求踞地注目形神酋聲鳴欲與鳳皇儔吾有此四百不憂便擬從心與天遊階下孫枝挺琳球堂前桂樹搏螭蚪於焉游息而藏脩濂溪德澤馨千秋承家不顧公與侯孰讀詩書紹箕裘行逢泰運恢皇猷四海文同皆魯鄒時歟時歟樂古謳鋪張與國爲匹休

餞周正道　　錢良右

春盡江城柳絮飛送春未了送君歸青山欲語煩

畱客綠水多情趣染衣學道橫經傳閫奧還鄉奉
學壽庭闈一官捷徑須時俊老我看書獨掩扉

留別道翁先生　倪瓚

一室蕭閑無市聲浦雲沙鳥到階庭朋來直諒惟
三益心醉離騷與六經曠世久懷頭已白經年不
見眼終青江村又作思君夢睡起長吟月滿汀

夜夢與周正道遊西湖　王立中

夢入西湖泛畫船覺來懷抱獨淒然猶思翠幙張
花底尚憶金鞍繫柳邊歲盡孤山愁老鶴春深葛
嶺怨啼鵑欲尋向日繁華景從此承平更百年

和息菴衰老韻　拙逸自作

病後腰脚疲蹣跚奚所之坐占南簷暖含哺娛孫嬉舉世少青盼老我慙白癡瓊樓駕寥泬玉宇凌嶮嶇逸光恍隔霧泪眼枯欲萎壯懷衰已久幼志貞不移柰此遲暮何富貴非吾時居幽養期頤長年誦書詩

題周正道質當圖　楊維禎　提舉

自愛家雞特與傳故將餘墨寫娟娟風枝雨葉秋無賴夢落湘雲楚水邊

風雨夜宿拙逸齋中　倪瓚

荒烟漠漠古長洲倦客悲吟歎滯留風雨打窗歸夢短一尊且作醉鄉遊

賦九日登高　工立中

今歲登高天氣好已勝冒雨過蘇端吳山楓冷猿聲晚震澤波澄鴈影寒紗帽尚懷高士落茱萸還想故人看老來豈爲悲秋感自是尊前且共歡

答寶幢直指上人　拙逸自作

老儂欣病起冒雨扣松扉塵事愁相問閑情喜暨依喚晴鳩獨語投暝鶴雙歸坐久成歡劇翛然與世違

義猫傳 拙逸自撰

項有猫牝色純白體無雜文兩目一金黄一紺碧世所謂日月眼者是也時來余家家人深愛之每設食於庭除以伺其至至則巡墻而下循除而食徘徊顧瞻呥舌搖尾久之輙去率以爲常而日必一至焉如是者歲餘遂兩忘縱其所如時當兵變里巷間鞠爲茂草猫失所宇家其來食也愈頻家人哀之故食之也必時其性類野貍或出或没往來雖久終不能留一日忽呼鳴簷廡間哀號若有訴少間復聞乳猫聲視之乃知其銜所生兒置余

屋東廡而去家人具鮮食食其兒編草爲樓以畜之其牝日至如前乳其兒食既仍去日或再至朞月兒長其牝遂不知所之兒絕類牝其色與目皆如之遂呼爲雪兒兒猶警敏過常君廪庖廚視之不少懈鼠或跳梁兒一舉目輒墜地由是庭除之間絕無鼠迹而或賓筵盛設魚肉盈案兒枕籍於旁與之食則食不與則勿敢顧衎衎焉踆踆焉柔馴可愛舉家無有憎者余再罹兵劄道入京即日上道家悉散軼兒守故居哀鳴不忍去隣婦捕之將歸養嚙其指乃逸翌日余子女獲逐舍仍來依

焉自是家事益廢日食或不備兒亦終不厭每即白飯終月不知鮮味服勤余家越十五年迨今無恙余嘗於亂離中收養流冗子二人皆始髫齓一全生於饑寒之餘一脫命於兵刃之頃鞠之育之亦十餘載俱能成乃視余之有無為去留計聞呼雪兒曰終日號呶得無饑乎胡不舍而去寧死於是耶雪兒終不易所守二子不堪余貧以漸乖離悉去余余觀今之人炎而附寒而棄鮮有能類雪兒之為者衆曰雪兒義猫是可傳以傳厥後

周子曰猫義畜也母子皆能循乎義而不為獸畜

之行然而含齒戴髮被衣粒食爲物之靈者反乖於義悲夫此聖人之所以誦黃鳥之説而曰可以人而不如鳥乎

題拙逸先生行實後

王立中

拙逸翁卒年八十有三葬吳縣落星涇道山先塋之傍自誌其墓既葬之數月其孤斂復述家世之淵源及先考之平生行實繕錄成卷以謁予與若翁交游至深且久而獨存者將以求訂正焉詳觀所載周氏自汝墳三遷來吳由漢迨今歷千有餘歲衣冠文獻代不乏人可謂源深流長矣至拙逸

弱冠喪父乃能篤志好學修身勵行稍壯接武縉紳樂育後進遂以文學起家佐縣邑恭省慎推誠盡敬悉能獲乎上不爲皎皎之行從容閒暇所施無非濟物利民之事終身無少玷缺可以見其賢能矣使得時行道盡攄所蘊詎止於此而已乎然仕不能稱其德抑有命焉仁者必有後若造物施報不在於身亦在于子孫矣敏之意非欲爲溢美也殆恐歲月愈久泯沒無聞是爲憾爾惜予衰耄無用於時弗能爲之重輕將俟當世鴻筆儕斯文之任者必能發揮潛德以成人子揚名之志矣撫卷感愴竊識于後云時洪武十六年季冬朔旦

周元公世系遺芳集卷之十三

周元公世系遺芳集卷之十四

目錄

送周遜學教諭長洲詩　錢宰

送周遜學歸養詩　張籌

應制二首遜學自述

誄周先生詞并序　宋玘

誄周母孟孺人并序　宋玘

周元公世系遺芳集卷之十四

吳郡守祠奉祀孫與爵　編輯

遜學公行實

遜學諱敏號天根月窟道者元公十世孫也麗姿端恪器宏學博頎然而長尤美鬚髯六歲時母孟夫人口授孝經小學即能成誦成童侍父宦游永豐習舉子業學易於縣尹署中探隱索奥而易旨大通洪武六年舉任長洲縣學教諭兼權蘇州府學由是諸生歛華務實敦尚學行翕然而興洪武十年應名儒徵中內廷試將充大用以親老辭歸

親終服闋改廣東軍器局副使明年以公事赴京疾卒歸葬于吳縣胥臺鄉祖塋之側配孟氏鄒國亞聖五十五代孫女子四汝浦淵源生平所著詩文及重輯周氏世譜藏于家詳載訓導邊節墓誌云

天根月窟軒記

金文徽

蘇之周遜學學易者也闢軒於其居東偏淵乎其虛廓乎其容洞而明深而寂也揭先天圓圖於中題之曰天根月窟晝曯而夜惟心領而神會推而前之未畫之妙躍如也引而後之已畫之象粲如

也曰緊昔邵先上隣太初下視萬化儵焉乘氣機而遐征則駕風鞭霆歷覽無際吾願有謁焉月陰之體也陰終於坤而其始生者姤乎姤其月之窟也窟其靜之藏也天陽之體也陽終於乾其始生者復乎復其天之根也根其動之萌也探乎月窟靜斯測矣躡乎天根動斯識矣陰陽其無窮也動靜其無端也翕之而或張退伏之而或彰也三十六宮之春盎然其盈藹然其和而不亢矣卓哉邵先示我本原按圖求象得意忘言茲其所以泝文王周孔之易而上及於庖犧氏之天也歟予聞而

抑之曰龍馬未形孰爲之數庖犧未生孰爲之畫
俾卲先而出於斯世也則夫天根月窟之往來其
遂無聞乎予之求易不猶有賛乎遯學曰天爲吾
剛性爲之根月爲吾明心爲之窟天根月窟吾心
性之易也卲先不出吾獨泯泯而已乎於是相視
一莞莫逆於心書以爲天根月窟軒記

題天根月窟軒　倪瓚

手攀月窟躡天根已識乾坤即此身安樂窩中方
寸地浩然三十六宮春

又　張適

陰陽消長自然機奇耦初生要識微惟有至人詞
造化往來根窟受春暉復姤已前纔二氣誰名根
窟躡猶攀至人漏却春消散人物分明一顧間

天根月窟道者傳　　金　珉　助教

天根月窟道者其上世道州舂陵人來吳久矣道
者自少時從父拙逸翁授古易經讀之即粗知卦
畫之所紹始家有邵子像闢一室以祠之自居其
中誦讀不休取圖圖揭之座日視心悟者久之一
日假寐若有神告曰此天根也此月窟也一往一
來而造化之機不息矣寤以出所告翁曰必安樂

窩老也爾其以易專門乎後數日翁呼而問曰三十六宮厥指攸歸具以邵意對翁笑曰天根月窟奇童也因衍其說曰其宇宙中最大者莫如天地之大也然天地一復姤也日往則月來暑往則寒來非此乎其微者草木之榮瘁也昆蟲之變化也一復姤也一天根月窟之往來也驗之人語默也作止也其窮達壽夭也其智愚賢不肖也其死生禍福也一復姤也一天根月窟之往來也閒以其說語於東吳劭生生曰此眉睫之見耳烏覩天地之大道精乎邵子之所深者月窟也其探而不可

得者子知之乎邵子之所躡者天根也其躡而不能者子知之乎淵乎微哉非知道者孰能與於此哉道者曰索有於無求實於虛斯老莊之緒餘也吾固不取於子道者姓周氏名敏字遜學濂溪先生之十世孫號天根月窟道者學於易故以是稱之也

贊曰人之言曰九師具而易道晦有是哉昔者伏羲氏出也畫焉而已未嘗有文字之可覩也而覘而爲圖者先天之學邵子之獨得者也豈唯邵子若道者其亦得夫先天之學者乎

送周遜學歸吳養親序　胡隆成　助教

洪武十年二月十日隆成與常州教授儲惟德太平教授孫大雅松江教授沙溥淳安教授汪大本江陰教諭陳晟於潛教諭周繹長洲教諭周敏長興教諭沈熙丹陽教諭王觀宜興教諭尹範松江訓導林洵紹興訓導黃鄰長洲訓導邊節海鹽儒士桑慎十五人被　召入大內會

上祠社稷禮成　法駕斯廻

上御奉天殿命詣　丹陛授　御製策題

上命退退就東西兩廡爲文文成者　賜膳光祿次

第進卷
上親覽喜溢　宸衷越七日
上御午門命隆成與惟德大雅大本助教國子溥主
事秋官觀管勾地曹晟慎編脩　國史鄰典籍翰
林繹伴讀　王宮範丞　太廟祠署洵以疾辭敏
節乞歸養
上許之於是三人行而敏獨請於隆成曰敏與公等
同被　寵召而今若此者以親老故無他侍養故
耳雖尚健飯而出或移時且貽里門望跂去家千
里憂思日積寧無朝夕虞哉

上既許歸子盡道所以去夫君猶親也事君親猶夫事天也欲求事君而可不知事親欲求事親而可不知事天必也事親能盡其誠而後事君能盡其道苟事親有一毫之未盡則不能事天矣不能事天其何以能事君哉周敏氏有見乎此所以乞養於命官之初宜其去之速而來之亦未爲晚也故因道其所以去而并述其所以來者如此敏字遜學元公十世孫長身玉立尨美髯鬚闓鬯明潔蓋純孝人也是月之廿三日序

送周遜學赴長洲儒學教諭序

貝　瓊　助教

今年春瓊與會稽趙俶同被　召至京師授國子助教秋八月望預朝　奉天殿詔臣俶等至　御前命之曰汝等一以孔子所定書誨諸生若蘇秦張儀蹤戰國尚詐故得行其說宜戒勿讀瓊等既受命退而思曰古人有言曰孔子讀而儀秦行鷙翰而鳳音也天語及此豈非灼見其說不徒惑戰國之君天下後世且惑之心術之蠹莫過於此歟孔子之道自堯舜禹湯文武所傳著之易詩書禮樂春秋者大中至正歷萬世而無弊也不幸亂於

百家而百家之中縱横爲甚以其功利中君所好莫不説而從之視儒者之言仁義則爲迂而不言矣此一時習於傾危險頗前後一轍不能回其所向之途可勝嘆哉然古今帝王皆知尊孔子而黜儀秦未有舉其詐以戒人使禁所習而趨於正者敬識于心造次不忘凡遇諸生必懇懇告之焉蓋學孔子則進而爲信爲善以極於大而聖聖而神不翅梯之升高航之涉遠也儀秦智謀之末君子之所羞道者惡可襲其所爲乎大抵率人以正猶懼不能勝其詐矧以詐率人彼不正又何責矣此

上之命臣俶者將一洗天下之習而復乎三代之淳
大哉言乎汝南周遜學者正道先生之子也器宏
有學縉紳咸器之適蘇之長洲縣司教職缺縣上
之府府上之部試其文考其行遂授教諭以歸人
謂偃革右文之日莫先於教化師儒之位雖卑埶
優而德不足譽隆而道不明者弗與也其慎而不
輕如此則遜學視彼屈於事何如哉於是大夫士
歌詠以華之且求序其首因舉以爲告焉遜學其
訓邑之子弟必一於正而無惑於蘇張之邪說可也
洪武六年歲在癸丑冬十月初吉序

餞周遜學詩　倪瓚

遜學親契周廣文其先居楚之道州爲寫春陵山色并詩偕餞其行

春陵嵐翠合山勢楚雲高春藹浮青壁晴曛醉碧桃吟猿儔木客飛瀑亂松濤夢入千峰裏雲霄一鳳毛

送周遜學赴長洲儒學教諭　劉基

朔風吹雪起寒波送客中流發棹歌酒至莫辭狼藉醉情深無柰別離何雲連白下山光暝路入吳門景趣多泮水紫芹香可攬倚看衿佩樂菁莪

贈周先生教諭長洲　　會稽錢宰

建業姑蘇去復同登臨懷古兩高臺碧梧明月鳳皇至黃草西風麋鹿來雲送征帆催畫舫江清別酒瀲銀盃明時賴有周文學歸向長洲爲育材

送周遜學歸養　　無錫張籌少宰

聖主垂衣坐紫宸內官傳　詔進儒臣風雲九五文明會禮樂三千制作新花繞鸞聲宮樹曉波涵龍影御溝春吳中孝子陳情切喜動　天顏賜養親

應制二首遜學自述

五雲籠曉曙光分禁柳青青三月春金殿傳宣須
聖策玉階序列選辭臣葡萄酒綠來官寺瑪瑙盤
紅集與珍自愧儒生無補治願將忠義答　皇仁

其二

大明天子策儒臣　御筆親題翰墨新信是人間
野樗櫟媿非天上玉麒麟東風彩仗開黃道白日
金門繞瑞雲文化一時昌泰運布衣承寵拜　丹
宸

誄姑蘇周先生 并序　　宋玘

姑蘇周遜學先生諱敏元公十世孫也父拙逸翁

其文章簡古不事華藻尤精於易作周易集說任信州永豐縣教諭先生隨父讀書從師傳經後緣拙逸翁丁母艱還姑蘇先生於洪武癸丑以明經爲長洲縣庠弟子師待人以信訓教嚴勤其授業生徒鮮有不成才者若李英顧桓輩皆中高第先生典教長洲凡十一載既以親喪去職服闋改任廣東軍器局副使公務之餘惟事經書丁卯典試鄉闈其定取高下靡不得其當故主司咸服其學識奈天年不永不克遂志以竟其設施於戲惜哉故爲之誄以誌其實詞曰

窮經勵志才邁羣英典教庠序後進有成菁莪樂育表儀諸生秋闈考文如衡之平其德若斯寧不遐齡壽踰五旬遽隔幽冥作此誄詞永昭嘉名

誄周母孟孺人 并序　　宋玘

維永樂十一年三月初九日周母孟孺人以疾卒於家爰用明年五月朔祔葬于道山之原嗚呼予於孺人子淵同遊庠序蓋亦有年暨同脩書於秘館然孺人之行則知之詳矣矧古人有云丈夫之德見於事行婦人之美非誄不顯浦江趙先生既銘其墓余竊以所知而追其遺懿云詞曰

生于盛族爲人端莊歸于周氏獲配賢良婦道無
虧閭里稱揚中饋自專惟納酒漿廼愼厥天遠在
異鄉居喪盡禮教子有方躬事紡績勤於蠶桑經
營家業弗替丕嘗年企八旬宜壽宜康有生有死
人道之常克終天年子孫滿堂樹背之萱豈復重
芳綵衣雖舊篋笥深藏孺人之德必有餘慶門祚
綿延寧不遐昌祔厝先塋終焉允臧是旌是告庥
永不忘

周元公世系遺芳集卷之十四

周元公世系遺芳集卷之十五

目録

◎

廿九

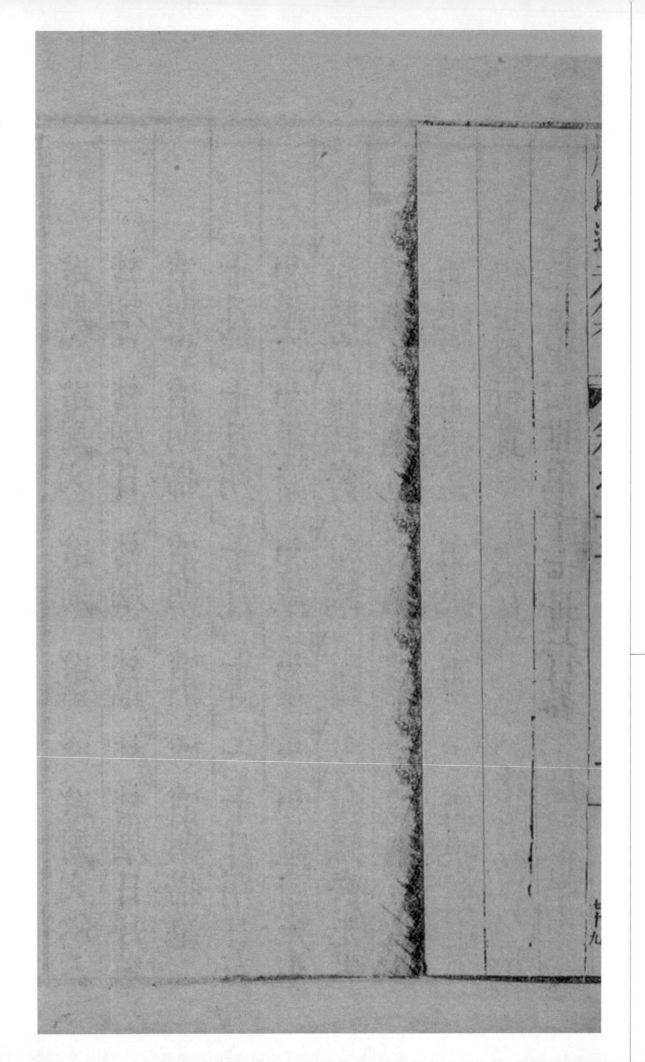

周元公世系遺芳集卷之十五

吳郡守祠奉祀孫與爵　編輯

退菴公行實

退菴諱汝字玉成元公十一世孫也性質剛毅志行超卓洪武間以才薦除福建安溪主簿政務平易不尚苛刻削奸豪去淫祀縉紳殊重之宣德巳酉以老賜歸與故舊賓客日相宴遊以終其高隱之志享年八十有三配蔣氏子名維孫名鐙丙子舉人授高安縣令鐙生八子其第八者名諒以歲薦授和門儒學訓導年老告歸而卒祔葬道山

送安溪主簿周君赴任序　翰林編脩周叙

予嘗遊姑蘇側聞其間能世以儒業相承宦達勿替者不一二數焉若今周君玉成名汝者世爲郡舊族洪武初其先君遜學先生典教長洲并攝府學流風餘韻至今人艷慕之先生諸子俱敦厚周慎克稱其家玉成其長也次玉泉名浦以文學教授于鄉季玉潤名淵以明經選授遂昌縣令予皆獲識之嗚呼何其一家之多賢若此耶玉成治裝戒行其鄉友徐孟得暨其素所交游者共祖餞之而徵予文爲贈或者曰玉成叅歷宦途三十餘載

玆行宜膺顯秩以展其施顧乃栖遲於百里之邑若未足副其意者余曰不然士之仕也貴於行道不在乎秩之崇卑也況親民之職莫逾於縣縣有令有丞而簿實佐之民有利病政有可否簿皆得贊襄而一能行焉苟使其道行而惠施雖終身齒下士之位不爲屈否則雖都高爵享厚祿其不內自作者幾希且玉成儒者得聞於家庭之訓有自其所以紹先緒揚芳烈顧在此而不在彼也尚何不足副其意耶吾知他日政化之洽聲譽之隆煒然有稱於東南者必吾玉成矣則超擢之榮又奚

可惟涘哉衆曰題遂序以送之時永樂二十一年夏五月朔旦書

安晚公行實

安晚諱浦字玉泉元公十一世孫也爲人端重詳愼以名節自持事親奉祭各盡其道與人高論必執道德仁義博通經史教諭里巷循循有典則孝弟篤塞踰四十年布衣韋帶徜徉林下若不知有寵辱得失欲與弟淵舉復勑祠時淵除遂昌縣尹任畢歸至錢塘而卒不竟其志正統元年浦於正寢之東極力營建家廟名曰崇本堂子孫時薦天

順戊寅閏天子頒維新之命有司舉公碩德宿儒年高行重給冠帶榮身累與鄉飲賓筵享年九十有六葬吳縣道山先塋之側配錢氏武肅王十七世孫女子綱爲融縣令自有誌

安晩軒序

鄉貢進士顧恂

姑蘇周玉泉先生名浦號安晩家世衣冠淸白相尚至先生則名節自持隱德弗耀鄉里稱善人而先生則一於善也年當六旬自分無用於世嘗闢一室于家欲爲遺老計自號安晩閒徵予序之予謂人之生也幼而學壯而行老而求安者情也然

而或謂富貴所羈貧賤所困功名所繞威武所屈而不得其安多矣惟聖人則隨處而安富貴不能淫貧賤不能移威武不能屈窮則獨善其身達則兼善天下安其所安而已曷不觀乎袗衣鼓琴若固有之舜之所以安於富貴也蔬食水飲樂在其中孔子所以安於貧賤也治亦進亂亦進此伊尹之安於仕也躬耕南陽不求聞達此孔明之安於隱也其安不同其致則一也今先生以安晚自名豈非老者人之晚景也晚景而能安則其終身之安可知矣然其安也不膠於物惟適於心或樽酒

自娱或琴書自適或山水自怡樂桑榆之晚景飽
松菊之清趣檀風月之閒情行無所期止無所預
齊死生一得喪同物我怡怡然雍雍然而不知其
年之邁于六十矣嗚呼達哉雖然達義者知幾安
分者守節此君子之所以有亨通之道也易曰安
節亨先生以之
宣德五年歲在庚戌孟陬望前三日序

壽祝安晚翁周老師

禮部司務門生陳圭

少微星燦爛昨夜喜降雲邊看看壽域屏開羣仙席

上安晚軒前道先生初度玉梅開雪月兩嬋娟更
有桂子蘭孫綵衣舞影翩躚　春陵道脈有流傳
太極載遺編會唾玉飛瓊蒸雲洩雨講道談玄記當
年身登絳幄氣凌空尤勝玉堂仙顧視岡陵鶴算
霞觴頻進年年

壽安晚先生　監察御史門生趙忠

羡汝南夫子有風月浩無邊恰冬至陽回梅開數
九草長庭前自家多少生意對明星華彩照人圓
烏鵲巡簷喜報飛來白鶴翩躚　衣冠文物舊流
傳青史有遺編但收斂英豪撫時存用玩理鈎玄

幅巾杖屨徵步藹春容和煦秖如仙謾倚新詞爲壽從今共祝年年　右二調調乃木蘭慢也

周母錢碩人挽詩序　　叅議尤安禮

大凡不可以力而致者善之聲聲之尤不可掩者其咏歌乎蓋秉彝好德人之良心感而發之固有不得而然者此吾於周碩人哀輓詩什不自知其有深慕焉碩人姓錢氏武肅王十七世孫也旣長歸蘇之周玉泉先生先生亦名閥聚指而居者甚夥碩人奉舅姑佐烝嘗處妯娌飭子孫靡不各循其道至於夫遭迍邅則喻善言以寬之隣固婚葬

則脫簪珥以周之故其行著於家庭聞於鄉黨而播於士君子之聲詩者卓卓矣雖然世有偉人傑士翱翔當途勢足以飛聲智足以取譽迨其殁也泯然無稱者比比有之今碩人一婦人而已闇然於閨門之內足跡罕接於外而人之慕之而咏歌之如此非其善之所致能如是乎若然則余知卷中諸作不特爲一時之觀美且爲周氏諸女若婦之良規又不特爲周氏之良規將見爲人婦者聞風而興起矣碩人諱淑徽其平生志行已具於墓刻茲不詳云

玉潤公行實

玉潤諱淵，元公十一世孫，性重厚端朴，動不違禮。由太學生選入秘閣纂修永樂大典，書成，試事於後軍都督府，以能稱，擢鉛山縣令，民樂其治。三轉改遂昌知縣，以仁義待人，政務寬簡，操勵清貞，姦豪歛戢。秩滿，邑民老壯相率赴道院兩司保留。俄而以疾乞骸，百姓攀轅載道，晝夜不息。歸至錢塘而卒，享年六十，葬吳縣落星涇先塋之側。配金氏，無子。詳載世譜

送周玉潤赴遂昌知縣序

中書劉鉉

吾鄉以儒業致顯者非一然克以禮範其家而後守之益固者惟周氏爲然周氏之先仕於前朝者皆已隆然有聲至遜學先生尤博綜經史日怏怏然於其間若於蜀輿無不得者卓卓然以崇其志若於古君子有不後者恒患世之行禮者未悉其要乃摭禮經冠婚喪祭之急於日用者參訂而籍之復置祭器故往往驗諸事而致諸用君子多之既而典教長洲越二十載弟子來從者戶外屨恒滿然而砥礪淬濯隨材以造爲時偉器者不鮮也先生雖不禄已久至今稱周氏爲有禮者云剟諸

子蹈其家範一如曩昔故登仕版者益衆先生季子玉潤蚤以成鈞生出宰應城轉鉛山又轉電白政皆有稱令遷遂昌吾知其又將有稱矣蓋玉潤夙承家學其於禮也已聞之博見之眞體之力推之達所謂如竹箭之在筠松栢之有心足以輝美其身而貞固其心以是而治邑則將致夫紛者理擾者寧強者柔戾者和恌者敦枉者直與夫梗夫治者舉將有以致其無不可也是則禮之致治也大矣故曰措則政施則行其以是歟吾所以知玉潤又將有稱者其亦以是歟若然則玉潤之禮學

可謂不忝厥世矣故樂爲之序時宣德三年九月一日也

送周玉潤赴遂昌知縣　杜瓊

曉承恩命出金鑾湛露沾衣尚未乾三邑轉稱新治化千年猶守舊郎官風生淮海揚帆度潮滿錢塘倚棹看想到遂昌春欲近梅邊仍取宓琴彈

都門餞周玉潤之任遂昌　鄭鏐

郎官出宰下蓬萊餞別都門把酒盃考最不慚文獻裔濟時原尚老成才吳山雪騎衝寒渡浙水雲帆霽曉開遙想吏民爭快覩遠停車蓋候均來

贈遂昌周侯九載秩滿序　蘇　祥

聖朝撫有四海輿圖既廣生齒日繁猶慮教化有所未被故凡出宰百里者必愼擇其人以任厥職士之懷材抱藝而獲與茲選者莫不以爲榮幸也宣德戊申之冬姑蘇周侯來尹栝蒼之平昌侯縉紳士族也幼即警敏讀書積文進于成均天官課其材藝優出等夷授令尹職筮仕於鈆山歷宰應城黽白政成事集蔚有能聲且侯歷官既久練達老成熟於時政故其尹茲邑也如駕輕車以遵舊路直易易耳然遂昌爲邑雖在長山邃谷中風俗

頗厚民尊禮教前是宰斯邑者不失之剛則失之
柔不失之急則失之迫往往弗獲乎民者有焉周
侯之來邑也持謙謹之德行愷悌之政因民之所
利而利之擇可勞而勞之不剛不柔不急不迫由
辦上官器其材羣吏服其能庶民懷其惠皆忻忻
然仰之若父母敬之如神明徵稅不督而自辦庶
務不期而自集濟濟洋洋咸稱道之以爲視古循
吏雖卓茂之治密魯恭之宰中牟殆不是過也此
亦周侯材藝之優眞足以任百里之寄而不負
朝廷愼擇之選也耶其榮且幸爲可知矣于先時

承乏六合邑庠訓職既而歸隱田里耳濡周侯之政目染周侯之才心感周侯之德蓋亦有年矣故其九載秩滿將書最考也諸耆老咸徵言贈之遂書此以爲序

送周玉潤還吳省親序

文淵閣副總裁趙友同

余在吳中時聞有周氏者世以詩禮相承治家有矩範子弟咸恂恂佩服儒者氣習私心恒景慕焉而未遑一造詣也後來京師官有謁余官舍者秩然其禮藹然其辭濟濟然其風采問之淵其名玉

潤其字則長洲教諭周遜學之季子充貢於成均者款語移日為之喜不自勝然猶未能悉其所蘊丙戌之歲　朝廷纂修永樂大典廣召儒臣余與玉潤俱在選列尋又與之同史館相處閱三歲然後知其操守之端識見之敏問學之勤蓋真士之賢而能世其家者也由是相締為忘年友今年大典書完玉潤私自念曰聖朝著令諸生肄業成均者三年歸省父母今我母在閭乖違已四寒暑顧寧能遷延安處此耶遂陳辭闕請謁果獲所請而歸行有日其友監察御史沈公德威徵言為贈余不

敏言不成文烏足以為行者哉美哉然竊念玉潤在家庭則有詩禮之習薰陶漸染以養其德性出而膺貢於　朝則周旋師儒縉紳間廣詢博問以增益所未能斯為幸固已多矣而又間獲歸省老母奉觴上壽作嬰孺戲彩娛慈親之顔色以申愛慕之誠以致曠别之意吾不知玉潤復何幸而得此也昔韓退之謂歐陽詹在京師雖有離憂其志樂也詹在親側雖無離憂其志不樂也今玉潤或在京師以樂其志或在親側以抒其憂相望密邇往來有期可謂事出兩全而優於古人者矣抑所

以優于古人者玉淵尚當究其所因勉自樹立以圖報效於將來庶幾人不特羨我　朝爲多賢而且羨周氏爲有後云永樂七年春王正月序

玉淵周侯像贊　汪繼宗訓導

從容乎禮義之地馳騁乎榮達之鄉常陰出政德譽日彰起列邑之艷慕儼容儀之端莊宜其膺
朝廷之寵命享祿祉而永康

謹齋公行實

謹齋公諱綱字文叙元公十二世孫資性剛敏精周易通經史正統初試秋闈侍御成規程富斐薦

三、四五

◎

綱經明行修才德全備中內廷試送禮部授廣西
柳州府融縣縣丞贊理寀事撫字心勞刑平政簡
會融有貲商業舟者十八人以讐嫉誣盜柳慶二
郡守具獄垂成公力辯其枉爲得脫後十八人共
賫五十萬錢來謝公竣却之時徭寇侵掠鄰境公
嚴督防守寇不敢近融之庠先在城外常被寇警
公移置城中且涖奬作興融俗淫祀公悉禁止景
泰間融民饑公請發賑全活甚衆都御史王翺考
綱頗有力量幹辦公勤民夷信服陞本縣知縣時
値歲旱公引咎自責霖雨應禱郊有虎患公爲文

牒城隍虎郎遠適重輯玉融邑誌藏于縣署又任九載都御史葉盛考綱廉能在任保障有方憂勤盡職徵科不濫交薦于朝　詔旌異賢能藩臬騰奬以黃封纁幣寵異之欲陞大用未果致政歸公前後治融十八載有惠政于融融民迄今祀之公解組後會吳中狡獪有以外籍欲升其役者公因疏累世恩典上之例得免役玆吳族之不被編役者皆公力也林泉樂志享年六十配孟氏封孺人鄒國亞聖公五十六代孫蓋周氏與孟氏寔三世締姻云成化乙酉祔葬道山祖塋之側子三璧奎

參公所著謹齋詩文周氏遺芳集重編周氏世譜
二冊一置道州一藏于家及海內名公南遊贈咏
等集詳載振祝墓誌中

周綱字說　　盧山陳繼

周君玉泉有子名綱求字於予乃字之曰文叙玉
泉復請曰願爲說以暢厥義俾蹈懋續行因告曰
綱總也人之所以總持者得非文乎文道之顯者
也以道之顯者使秩而叙焉則禮樂之昭章尊卑
之高下才藝之明著言語之敷施皆足以顯而達
之矣至道之微而具於心以爲吾之性者勿昧勿

鑒勿欺勿失其光明洞徹根彙萬物而足以參天地贊化育者能致其力焉則道之顯者其文自然而叙矣於乎人孰無是性也全其性者其誰歟人孰不由其道也得其道者其誰歟人孰不修是文也安其文而使其叙者其誰歟孟子曰人皆可以爲堯舜綱也吾望爾而爲吾之言也時

永樂二年春王正月望日

送周文叙入覲　浦江趙季敷

余與文叙忝世誼與尊公安晩先生令先叔玉潤皆屬忘年交今巳卯歳秋文叙當明春大聘之期

因入覲便道省事于親迎養安晩於官舍在任有
九載而親思故鄉覔公便調護還家此在爲融縣
丞之時轉陞縣尹又越五載不能恒侍左右以情
申達于廣西兩臺二司關會於蘇州府支俸奉養
而安晩先生年逾九十有六膺　天子維新之命
而進榮壽之官修天爵之貴也且康健而能飯是
歲融宰衣錦還鄉爲親捧觴上壽于是廣之司守
郡牧閫之挽道上之車共祝安晩翁之修齡也長
安仙客進長生之酒歌紫芝之賦于舞萊綵之衣
娛白髮之親文叙既能盡孝于親亦能盡忠于國

也明矣是以開樽北海分壽南山朱履塡門親朋燕會已極榮盛也冬之仲文叙欲北上餞者列于道於是廬陵彭公塤武陵顧公翼陳公繼吳門錢公紳張公收祖帳於金閶折柳枝以相贈各賦一言以壯行色也詩并識之屬予爲弁首云歲次巳卯仲冬之吉

送周文叙入覲　　彭塤

依依高柳拂長亭有客之官覲　帝京鶯囀綠陰春欲曉馬嘶芳草雨初晴一尊酒盡征帆遠兩岸潮生去浪平後夜相思各千里暮雲春樹窅冥冥

送周文敘入覲　　顧巽

依依柳色動離情送客朝　天出故城千里風雲瞻日月九重宮闕謁　皇明驪歌乍歇鶯聲宛春路初晴馬足輕料得此行應顯秩善敷德教澤羣生

禁煙日拜道山墓下詩　　裔孫綱

是日重立道山二字石刻賦此

惟道名山故得新重看奎畫刻蒼珉顧瞻鬱鬱岡頭樹深閟幽幽泉下人便欲相從聞窀穸莫教老去欲沉淪回頭猶未忘情處子拜孫趨俎豆陳

清明掃墓

榆煙生火又清明曉載扁舟過落星喜見故山春自好痛憐新塚草絶青花開隔霧嗟予耄鳥勸提壺笑獨醒幾處温風散餳粥紙錢撩繞思冥冥

十月朔日有感

此日在濂江口與人皆拜掃先隴感時追慕不勝哀愴臨風灑泣而已寫示男奎

玉露溥霜十月交我心怵惕念劬勞道山望遠增悲切德澤時思轉鬱陶祠下獻烝陳俎豆墓門蓺棘薦豚羔予今忠孝全無補血淚臨風濕布袍

其二

臨風血淚濕沾巾那更時驚物候新霜白草荒迷古道風高眼徤識通津心懷先隴青山外身繫微官廣海濱更有琴川觀察墓逢時拜掃莫因循

過道山見新石刻和謹齋先生題墓

錢塘彭程

道山墳上草離離回首長吟起慕思千載高名遺製作百年芳躅著崖碑楓林有夢歸寬夜桂室生香集訓時俎豆未寒宗祀盛九原無復更傷悲

和謹齋先生題墓　徐達左

幾度論文接講筵托交親故竟忘年春陵芳躅應
君繼絕筆遺書有子傳琬琰誌銘長夜宅松楸烟
雨道山阡典刑耆舊凋零盡獨立秋風淚泫然

挽周母孟孺人　瞿緒

孟氏孺人兮亞聖孫年既及笄兮歸周門奉姑嫜
兮顏色温相夫君兮樂儉勤薦烝嘗兮南澗蘋何
中道兮鸞鳳分有子立兮訓育成登膴仕兮揚政
聲三遷教兮今儼存周大族兮衆所聞母範先兮
婦道尊嗚呼孺人兮孺人永無愧兮斯文

葛鏞

漢章公行實

漢章諱奎別號微垣元公十三世孫也公幼穎敏好讀武侯兵書父綱爲融縣令在任十八載公隨父任日久熟察廣西夷情及探洞蠻大藤道路平險戍化丙戌嶺表寇發都御史韓公雍秉鉞南征莫知嚮導聞公諳習途徑檄致軍門公以不願爵祿辭韓公紿之曰高誼固不能強且畫一圖見示如何公信爲然遂以素所指畫者作大藤峽柳峒地輿圖及所著繼政錄以獻韓公得之授意司道俄而符檄與從登門迫往公不獲已勉整戎服韓

公待以殊禮凡軍興糧餉必與議謀調度公謂大藤峽爲賊藪本也諸軍不先其本乃分兵逐末分兵勢務趍末無威我全師直擣南可以援雷廉東可以應南韶西可以取柳慶北可以斷陽峒諸路彼分而拒我聚而攻首尾互應破之必矣韓公深以爲然遂統兵進攻悉倣用之無不奏捷因直擣洞蠻巢穴殲滅無遺及計破九層樓諸壁先後斬獲四萬一千七百有奇賊遂蕩平公實預有勞勩司道嘉其功賚以猛勝銀牌韓公亦贈其詩有獻我平蠻策多君衛國心句迨功成以後奏爲世襲

勳臣公以先賢後裔不欲授武職竟爾中止公遂泯然無聞嗟乎今韓公祠祀方隆而公且弗獲配享何報功之典獨靳於公耶抑意有所待耶識者每有餘憾時融軍民擁諸轅門告曰融先令周綱撫治得宜民夷引領今其子有父風願留以蒞茲土於是僉議上 請遂擢公丞融邑攝令尹事公治融如理家事興廢剔弊政肅民安且兼以懷遠二縣值梁父諸蠻侵掠公周視地勢立關隘建夫長爲防禦計夷民帖然絫議李公嘗刻石紀其事又慶遠冲乾諸寇縱橫公約束官兵精猛進戰俘

獲甚衆民得其寧又擒桂林飄里等賊械報當道
奏捷　賜以金幣進階一級以奬其忠後丁内艱
韓公贈行詩云草木山川皆失色歸舟惟載萬民
心暨服闋銓曹錄其勣陞判茶陵茶陵僻居山谷
俗梟詐健訟公至州鋤强暴清訟源以誠化下以
躬率人故事集民安不見其爲難治弘治巳酉羅
夷寇作融民冀公復任相率詣　闕道經茶陵時
公巳遘疾而民聞之皆涕泣悲號其感化民心如
此公以疾劇告歸逾年而卒享年六十有八配張
氏附葬於吳縣落星涇祖塋之側子鉞

器之公行實

器之諱鉞別號守拙元公十四世孫也公生而穎異開爽端重嚴毅樂道不屈初習舉子業其爲文璀燦驚炫人目咸擬其奮起有日旋竟以茶陵公爲判時有弟卒於官舍乃棄夫所學往省其親而茶陵公已遘疾公侍親還吳不二年而親歿居喪哀毀骨立生平和以睦族嚴以訓子律已必正待人必誠德業兼修能繩祖父之志享年五十有二配陸氏合葬於長洲縣十五都茱字圩之新阡子

讚

時臣公行實

時臣諱讃別號隱溪元公十五世孫也公幼聰慧於詩書大義悉能通曉壯歲髮斑隱於城市氣槩曠達有箕山潁水之致甘爲　盛世之逸民其處宗黨和氣藹然與人交恂恂溫雅未嘗疾言遽色人皆敬愛之享年八十有七配顧氏附葬於長洲縣十五都菜字圩新塋之側子佀先公卒

子猷公行實

子猷諱佀別號三泉元公十六世孫也弱冠明經未遂厥志力脩堂構盡菽水歡凡隱溪公未竟之

志欲舉之業公悉以身任之故隱溪公得逍遥几
杖不復知有家累也公稟性誠朴厲志好脩事親
以孝與人以信賙恤里族不事趨競不履公庭歲
時伏臘則置酒以召三黨務使盡歡即平居客至
亦必盤桓宴樂未嘗厭倦其貌恂恂其語溫溫雖
童穉可與言而貴顯無所迎合吳人士咸稱爲世
善之家云公追念始祖元公特祠遭罹兵燹僅存
家廟先靈未妥祀典久虛屢請撫按復建坐以官
帑不給公志竟弗克伸嘗曰但得吾子之有志者
請復始祖祠祀以成吾志毋墜先業吾願畢矣忽

遘一疾遂先隱溪公而歿以奉養承志之事悉付諸子享年五十有七元配滕氏有宋兵部尚書諱甫謚章敏公之裔孫也閫範肅雍相夫有道訓勗諸子惟勵精勤實陶令母也享年六十合葬於吳縣九龍塢之新阡子三與相與國與爵與相業儒數奇弗售與國治軒岐術嘗刲股以療母伯仲亦相繼辭世遺命獨與爵承之

邦祿翁傳略

錢允治

邦祿翁者濂溪先生十七世孫也名與爵別號餘濂邦祿其字也蓋濂溪四世孫武功大夫與裔公

扈蹕南渡靖節於吳勑葬虞山而子孫占籍長洲世濟厥德而翁在周氏尤爲白眉云翁素醇朴孝友性生早失怙恃孺慕靡忘凡析產分爨息以聽之伯兄無敢忤其意及卜兆營葬克盡大禮更念祖塋蕪廢躬自葺理遍植松檜蒼翠亭巒皆知翁孝思也幼攻舉子業數奇不售不爲怨天尤人唯隱居樂道拮据農桑徵輸不累催科租稅不責子母喜與好施見善必爲人咸稱爲長者翁狀貌恂恂儒雅舉動每以先民自程恒喜披圖閱史栽蓮種竹瀟灑襟懷綽有光風霽月氣象尤愜於脩明

祀典闡揚前業傷濂溪祠宇久廢蒸嘗缺略因力
請郡縣粤建崇祠於絃歌里官帑不足盡捐己資
舉復二百年之曠典邑侯胡公爲請於臺察監司
組豆千秋茀替既作記立石以傳其事復致匾先
儒賢胤以旌其德翁又喜藏書每過市肆婆娑檢
閱偶得遺集雖殘編斷簡必倍價收之又纂輯濂
溪大成集及太極圖說世譜遺芳集等書鐫板置
之家塾倡明正學炳如日星而世系亦知考證故
翁鄉評推重名震　京國儀部題給章服累劄褒
美以風世敎時閩中吳公以進士高第視篆郡學

知翁令譽郎以承先啟後顏其堂於翁之行甚協而吳中縉紳文學暨騷人墨士競爲詩歌以揚休風連篇盈帙好事者并爲刻之俾他日志乘纂述有稽翁子二長曰希皐次曰希夔俱文行兼脩象賢濟美克稱佳胤孫枝遶膝而翁之壽考未有艾矣

餘濂翁便服小像贊　　里人錢允治

濂溪餘派衍於道州蓮峰分秀道脉東流恢弘先業式廓前修七十古稀白雪盈頭子孫秩秩迭舞獻酬卻冠服而不御惟巾舄以遨遊茲翁也砌蘭

庭玉將九萬之鵬摶莊椿賓桂閱八萬之春秋者乎

又　海虞嚴澂 邵武太守

而貌儼然而骨稜然意度昂昂然目光炯炯然裳衣巾舄飄飄然玩丘壑於坐上擁琴書於膝前或署爲竹中之高士或疑爲鶴氅之神仙夫夫也身居塵壒而心遊帝先其斯爲東吳之雋彥而無忝濂溪氏之後賢也耶

又　邑人錢之泰

厥貌端莊厥心孔良好施樂義不逐炎涼克承世

澤肯構肯堂鼎建專祠請復蒸嘗彙輯家乘大成
遺芳壽諸梨棗永垂無疆義方迪後蘭桂芬香年
德並邵壽而且康池蓮共潔光霽同彰瞻者起敬
世篤其昌

又　　琴川蘇　隆

即而近也藹然可親遠而望也挺然不羣立心光
亨正大作事好謀底成建耑祠崇祀典井井有條
紀碑石集羣書循循不紊邇其既往去大成十七
傳觀先生之壽容如面覿元公之楷範逆其將來
歷春秋千萬載秘先生之壽像如親炙元公之儀

刑濂溪啓美於前餘濂繼武於後並照臨而著明同覆載而不泯

餘濂翁榮壽圖像贊　　海虞嚴澂

以爲仕乎則脩然山癯若形骸而土木以爲隱乎則儼然品秩又雍容其章服啓胤後嗣娛菽水於高堂表揚先烈耀絲綸於幽谷繡爲口笥在腹霞皎皎風謖謖匏樽兮土鼓渾金兮璞玉斯爲元公之後賢長表世而範俗

又　　華亭蔣之芳　學博

皤然道貌儼以淸脩首服峩峩疑整孟嘉之帽朱

衣燁燁恍披五月之裘任一切之風波不以闢其笑口豈轉眼之青白乃足幻其雙眸江湖是侶廊廟若儔甘聖世之逸七十齡其難老繩濂溪之武華三正而作求

又　　虞山孫朝肅 丙辰進士

卽其容也松柏挺直窺其度也淵宏莫測孝友則天性獨成應酬則人情各適幹蠱翊祠蒸嘗寵錫園亭表愛蓮之額克善繼述富裕享無疆之曆永垂燕翼丹鉛所肖傳記所羅固宜爲先儒之賢胤而無忝元公之世澤者也

又　　同邑朱仲彥

翁之行誼於今爲稀翁之脩齡於古亦稀霽月光風而襟懷舉舉承先啓後而冠服巍巍之人也纂述遺編得以書香繼燃鼎新祠宇能令俎豆重傳如是懿德懋功直垂千秋而炳烺將見濂蓮亭草還同亘古而芬菲

又　　吳閶姚際隆

裔出元公之冑生居泰伯之鄉世譜珍藏善述濂溪統緒嵩祠鼎新重增俎豆輝光寄高懷於霽月風花之景覗瀾跡於利名塵俗之場稀齡方屆君

壽長康峩冠整整章服煌煌桂子蘭孫斑衣遶膝
金枝玉葉士籍聯芳弦歌里齒德讓先生第一文
獻地簪纓羨周嗣永昌

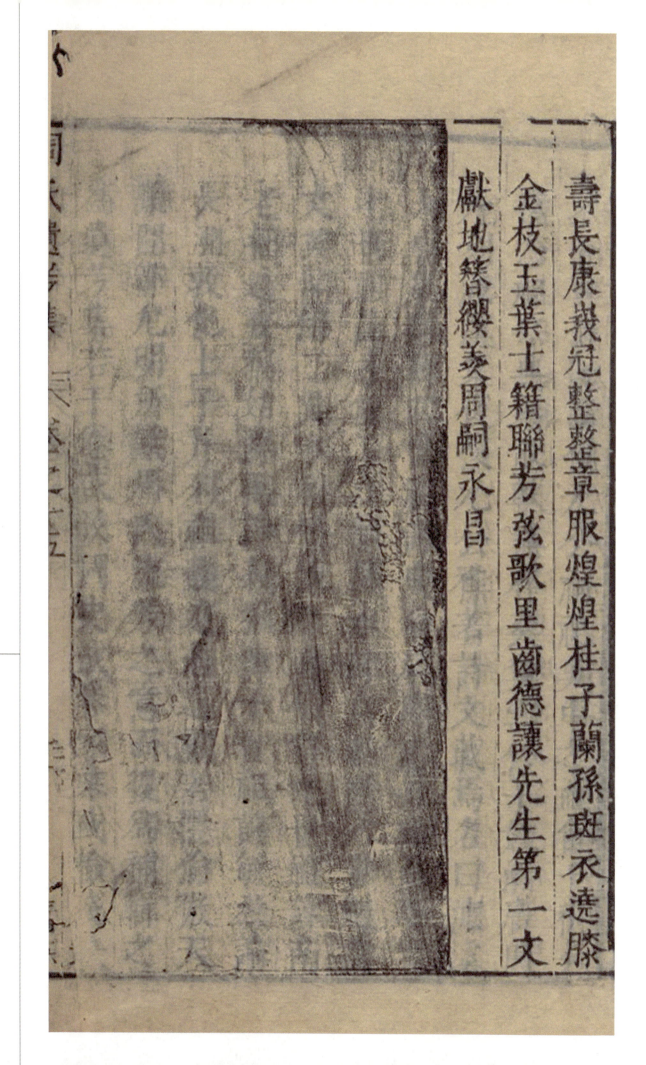

不肖與爵旣請復元公祠祀吳中之血食千秋矣復念祖宗典籍散軼無存奕葉雲仍子姓漸廣因先刻濂溪集復搜元公襍著詩文載焉名曰濂溪大成集附輯四世祖諱典裔扈蹕忠勇殉節事實七世祖諱才任沿江制機水部兵勳猷八世祖諱文英開濬三吳水利條陳及遇仙傳九世祖諱南老拙逸齋稿姑蘇襍詠義猫傳十世祖諱敏教諭長洲敦化士子并列祖懿迹若逼顯若隱淪倣天順間鄉允明所識周氏流芳之意而復為補輯之為遺芳集若干卷或攷國史或參家乘或檢殘缺

之遺書或稽故老之稱説篇章汗漫僅存十一於千百授諸梨棗藏於世祠俾後人追考先業咸與紹述之思此與爵之意也唯世世系相續開卷秩然而竊有餘憾者則諱壽諱熹二祖並出元公今壽支遞傳以及吾父皆與　爵勉爲叙次而熹之支裔在道州者實以地遠宗繁一時不能彙刻姑闕以俟後之有志者

萬曆甲寅春月吳郡十七代孫與爵謹跋